JN102537

会社別就活ハンドブックシリーズ

2025

鹿島建設の就活ハンドブック

就職活動研究会 編

JOB HUNTING BOOK

はじめに

2021年春の採用から，1953年以来続いてきた，経団連（日本経済団体連合会）の加盟企業を中心にした「就活に関するさまざまな規定事項」の規定が，事実上廃止されました。それまで卒業・修了年度に入る直前の3月以降になり，面接などの選考は6月であったものが，学生と企業の双方が活動を本格化させる時期が大幅にはやまることになりました。この動きは2022年春そして2023年春へと続いております。

また新型コロナウイルス感染者の増加を受け，新卒採用の活動に対してオンラインによる説明会や選考を導入した企業が急速に増加しました。採用環境が大きく変化したことにより，どのような場面でも対応できる柔軟性，また非接触による仕事の増加により，傾聴力というものが新たに求められるようになりました。

『会社別就職ハンドブックシリーズ』は，いわゆる「就活生向け人気企業ランキング」を中心に，当社が独自にセレクトした上場している一流・優良企業の就活対策本です。面接で聞かれた質問にはじまり，業界の最新情報，さらには上場企業の株主向け公開情報である有価証券報告書の分析など，企業の多角的な判断・研究材料をふんだんに盛り込みました。加えて，地方の優良といわれている企業もラインナップしています。

思い込みや憧れだけをもってやみくもに受けるのではなく，必要な情報を収集し，冷静に対象企業を分析し，エントリーシート作成やそれに続く面接試験に臨んでいただければと思います。本書が，その一助となれば幸いです。

この本を手に取られた方が，志望企業の内定を得て，輝かしい社会人生活のスタートを切っていただけるよう，心より祈念いたします。

就職活動研究会

Contents

第1章

鹿島建設の会社概況

会社によって選考方法は千差万別。面接で問われる内容や採用スケジュールもバラバラだ。採用試験ひとつとってみても，その会社の社風が表れていると言っていいだろう。ここでは募集要項や面接内容について過去の事例を収録している。
また，志望する会社を数字の面からも多角的に研究することを心がけたい。

✔ 経営理念

全社一体となって,
科学的合理主義と人道主義に基づく
創造的な進歩と発展を図り,
社業の発展を通じて社会に貢献する。

鹿島は, 1840年(天保11年)の創業から現在に至るまで,
人々が安全・安心で快適に暮らすことができる社会をめざし,
建設事業を通じて産業・経済の発展に貢献してまいりました。
それは, 鹿島の苦闘と改革, 発展の歴史でもあります。

業界の先頭を切って新たな領域に挑戦してきた経営者や社員の中に
脈々と流れる積極果敢な「進取の精神」こそが発展の礎です。
鹿島は, 常に時代の動きを鋭敏に捉え,
進歩と発展に努力してまいりました。

これからもこのよき伝統を受け継ぎ, この経営理念のもと,
実に快適な環境創造の担い手として社会の要請にこたえられるよう研鑽を積み,
社会に貢献できる企業として歩んでまいります。

✔ 会社データ

本社	〒107-8388 東京都港区元赤坂1-3-1
創業	1840年（天保11年）
設立	1930年（昭和5年）
資本金	814億円余
従業員	8,129名（2023年3月末現在）
代表取締役会長	押味 至一
代表取締役社長	天野 裕正

✔ 仕事内容

建築事業

土地にひとつの建物が建つ。その過程には実に多くの人が関わり、持ちうる知識と技術を駆使して構想を形あるものにしていきます。
総合建設会社（ゼネコン）である鹿島の役割は、工事を受注した後、元請と専門工事業者からなる施工組織を編成して工事現場全体を統括、そして、適切な工事管理を行って建設物を完成させること。さらに近年は、顧客自身の潜在的なニーズも見出し、付加価値のある建設計画につなげていく提案力が重要とされています。また、先進的な工法の開発やVE（バリュー・エンジニアリング）によるコスト低減の努力など、提案を効率よく実行するための技術力も欠かせません。建物をつくること、それはいつも「ゼロからのものづくり」。そして、そこに携わる人間には単なるものづくり以上の力、例えば安全や環境、近隣への配慮など、多方面に目配りのできる力、言い換えれば、よりよい形で事業を進めていくことのできる「人間力」が求められます。

開発事業

鹿島は国内外の多領域にグループ企業を擁し、事業展開の可能性をますます広げています。これらの総合力を活かした不動産開発は、鹿島グループの大きな柱の一つとなっています。50年以上前に取り組んだ集合住宅や商業施設などを融合させたまちづくり。当時、民間事業としては最大級といわれたこの開発事業を皮切りに、東京駅をはじめとする主要拠点等において、数多くの大規模プロジェクトを手掛けてきました。オフィスや住宅、それらを組合せた大規模複合開発、リゾート事業、教育・医療施設を含めたPPP・PFI事業、さらには海外での開発事業など、幅広い事業分野において鹿島の挑戦は今も続いています。

周辺事業

工場を作る、という計画が持ち上がるとき、クライアントの目的は“工場”を作ることではなく“生産機能”を構築すること。ならば、そのニーズをワンストップでかなえられる存在になろう、と鹿島は考えました。そうして、建築・土木に限らず、機械・電気、化学、さらに環境、IT、経営工学など、幅広い分野のスペシャリストが集まり、設計・施工のみならず計画段階からエンジアリング分野や環境分野など多様なソリューションを提供できる“総合力”を身に着けることとなりました。鹿島とは建設を軸に、まだ見ぬ新たな社会の形を追求しつづける会社である。ゆえに当社のことを“建設”をつけずに、ただ「鹿島」と呼ぶのです。

土木事業

険しい国土に複雑な地盤、頻発する地震や台風などの自然災害。鹿島は、こうした日本特有の過酷な自然環境において、国民一人ひとりの快適で安全・安心な暮らしを守るため、社会基盤整備を通じて日本の発展を支えてきました。具体的には、高速道路やトンネル、橋、鉄道、ダムなど人々の生活や経済になくてはならない社会インフラの整備と、地震や台風等の自然災害から人々の暮らしと命を守ること。地域に暮らす人々の生活をより快適で豊かなものにするために、鹿島が培った技術力と安全・安心を基本として、100 年後も世界に残るものづくりに取り組んでいます。

海外事業

鹿島の海外事業は、アメリカ、ヨーロッパ、アジア、オーストラリアにある 4 つの統括現地法人を中心にオフィス、ホテル、教育施設、生産施設、流通倉庫、スタジアムなど、幅広い分野でビジネスを展開しています。総売上高は 2018 年度の建設・開発事業において 4,500 億円を超え、グループ全体の約 25% を占めるまでに成長。「海外の鹿島」として顧客や社会に利益を還元できる仕組みを構築し、鹿島の技術で世界に貢献しています。

研究開発

建設業界ではじめて「技術研究所」を設立した鹿島。1840 年の創業以来、「進取の精神」のもと、「技術」と「人材」を中核に、建設事業を通じて産業、経済の発展に貢献してきました。常に社会の新たなニーズ に挑戦し、超高層、原子力、制震をはじめとする数々の分野で新技術の開拓。これらの歴史の中で培われた高い技術ポテンシャルと有能な人材、そして先達から受け継がれてきたパイオニア・スピリッツとチャレンジ精神が根付いています。鹿島の研究開発の中核である技術研究所の拠点は、本館をはじめ、西調布実験場、葉山水域環境実験場、自動化施工の実証を行う西湘実験フィールド、ゼネコン初の技術研究所海外オフィスとなったシンガポールオフィスの 5 つ。絶えず変化する時代の動きを読み取り、幅広い貢献ができるよう、鹿島の総合力を支える最先端の研究開発に挑戦しています。

✔先輩社員の声

工事を支えるプロという自負が経費計算や書類の作成などの地道な作業に誇りを与える。

【現場事務／ 2012 年入社】

仕事の内用▶建設の現場での経理や労務管理，事務手続きなどを通じて，工事に携わる人が働きやすい環境づくりを担う。

現場事務の仕事は，建設の現場での経理や総務，労務管理といった管理業務全般。特に現場での作業を担当している協力会社への発注の内容や，請求書の確認といった経理関係の業務が大きなウェイトを占めています。プロジェクトの規模が大きなときには，事務職も専任として現場事務所に常駐しますが，比較的中小規模の案件の場合には，支店などに席を置き，いくつかの現場を掛け持ちで担当することになります。着工する際，工事の概要を説明するために近隣のお宅を一軒一軒訪問し理解を得たり，労働基準監督署や市役所などへ法定書類を提出するといった仕事も現場事務の役割。現場が円滑に作業を進めることができるよう，管理や運営の仕事を通じて工事を支えています。

何をしたらよいかわからず，あやうく計画を滞らせかけた新人時代。現場事務の責任の重さを実感。

私は，入社数ヶ月の頃に新規工事の事務所立ち上げを任されました。私たち事務系の役割は，事務所に必要な机や電話，インターネットの回線，OA 機器の手配から必要物品の購入など事務所の環境整備を行い，現場が円滑に作業をできるようにすること。しかし，鹿児島に赴任したばかりでもあり，どんなものが必要なのか，どこに依頼すればよいのかもわかりません。しかも同じ時期に他の現場の式典が重なり，あやうく計画が滞りそうに。同僚，先輩や上司に協力を仰ぎ，皆のアドバイスや手助けを受けながら，なんとか無事に業務をやり遂げることができました。この経験から，現場での事務系の責任の重さと，わからないことがあれば早めに周りに相談する重要さを認識。同時にそれに応えてくれる人たちが周りにたくさんいることも認識しました。そして，どちらの仕事もやり遂げたときの満足感は今でも強く印象に残っています。現在は鹿児島の事務所に所属し，病院新築工事や酒造会社の発電プラント設備建設など土木建築４件ほどのプロジェクトを兼務。現場と現場を飛び回りながら，充実した日々を送っています。

自分の引いた墨が基準になって、構造物が形になっていく。現場だからこそ味わえる喜びがある。

【土木系 施行／ 2010 年入社】

仕事の内用▶鉄道を地下化し、交通渋滞を解消する工事を担当。完成を待ち望む地元の方々の期待を実感する毎日。

私は今、川崎市の鉄道地下化工事を担当しています。完成時には鉄道が地下化されて踏切がなくなることから、交通渋滞の緩和や踏切事故の解消につながり、地元の方々が 1 日も早い完成を待ち望んでいる工事です。私がこの現場に赴任したのは今から 3 年前。新入社員の頃から担当していた現場を離れ、意気揚々と赴任した 2 つ目の現場でしたが、今回の現場は勝手が全く違い、戸惑うことが多くありました。鉄道工事なので夜間作業もありますし、また、都市部での工事ということもあって作業スペースの確保も一苦労。近接した場所に民家も多く、騒音や安全に対する配慮は最優先事項です。新入社員の時のように一から仕事を覚えることからはじめ、ようやく今、一人の工事係としてフル回転できていると実感するようになりました。

自分の引いた「墨」を基点に、少しずつ「もの」ができていく。日々の小さな達成感の積み重ねが、大きな達成感に。

施工管理業務の中で最も大切な作業の一つに、「墨出し」というものがあります。これは、設計図にしたがって、構造物の基準となるラインを地面や壁面に描き加えていくという測量作業の一つです。職人たちは、私が測量して出した「墨」が正確であると信じて作業を進めていくわけですから、責任重大です。でも、その「墨」が基となって、大きな構造物が出来上がっていくわけですから大きなやりがいだと思います。現在はようやく「均（なら）しコン」といわれる基礎のコンクリート打設が終わったところ。準備段階に長い日数を要したため、「ようやくここまで来たか」という感慨があります。私が担当している日々の小さな仕事を着実に積み重ねることで、近い将来、構造物が目の前に現れる。その時に味わえる達成感が、今から楽しみでなりません。

今後の目標▶現場の仲間と、地元の方々と。工事の完成を喜ぶことができる日を楽しみに、一日一日、前に進んでいきたい。

将来の目標をよく聞かれますが、正直なところ、まだわかりません。現在は、先輩に頼りながら作業を進めている状態なので、早く自分ひとりで業務を完結できるようになる、というのが当面の目標。少し先の目標としては、この工事が完成するまで携わり、現場の仲間や地元の皆さんと、その喜びを味わいたいということです。目の前の目標をクリアしていった先に、大きな目標が見えてくるのではないかと思っています。

社内の多くの人と一緒に、エンジニアリングを活かし、説得力のある建築をデザインしていきたい。

【建築設計系 意匠／ 2006 年入社】

仕事の内用▶新人でも「自分ならこうする」と発言し、周りにもサポートされながら成長できる環境が魅力

私は入社以来、プロジェクト設計というグループに所属し、さまざまな用途の建物を設計しています。最初に担当することになったのは、図面から模型や CG パースをつくることでデザインをビジュアル化し、検証する仕事。こうした手作業を経験しながら、建物の法律や構造・設備など、建築に関わる多くの専門知識を学んでいきます。模型をつくる際にも、単に作業を行うだけでなく、自分なりの考えを伝え、議論することで成長できる環境があります。最初に設計を任されたのは、オフィスビルエントランスの照明増設計画。当時は仕事の進め方がわからず四苦八苦しましたが、先輩方の指導を受けながら照度計算や発注者への説明、工事担当者との調整を行い、はじめて自分が設計したものが形になるという喜びを味わいました。今考えると、とても小規模で簡易な計画でしたが、とても嬉しかったことを覚えています。

都心にある商業ビルのコンペに勝利。ニーズを捉えた価値のある技術提案を行ったのが勝因。

入社後５～６年で一通りの建築設計業務を経験し、多くの仕事を任されはじめるのが当部署の通例。現在私は、都心にある商業ビルの建替計画を担当しています。設計施工の指名コンペとして出件し、他社との競争となり、多くの工夫やアイデアが求められました。発注者ニーズを真摯に捉え、災害に強く、環境に配慮し、コストと機能をバランスさせるバリューエンジニアリングなどといった技術を重視した提案を行ったところ、提案内容の「実現性が高い」と評価され、仕事を受注することができました。ほっと胸をなでおろしたのも束の間、現在は実現に向けて発注者とさらに細かい部分を決定し、詳細な設計や施工との調整などを行っているところ。人々に愛されるビルとなるように、完成まで自分の持てる力を最大限発揮していきたいと思っています。

今後の目標▶社会資産となる建物を設計していきたい。裏付けのあるデザインが街の風景となる。

発注者やエンドユーザーのニーズはもちろんのこと、社会的な背景や地域性といった周辺状況を捉え、社会資産となる建物を設計していきたいと思っています。説得力のあるデザイン、必然性のあるデザインには、構造や設備を形にするためのエンジニアリングが活かされています。裏付けのある機能美を建物に付加することで、普遍性を持ち、長く街の風景となるような建物を提供していくことが目標です。

✔ 募集要項

掲載している情報は過去ものです。
最新の情報は各企業のHP等を確認してください。

応募資格	国内・海外の大学院・4年制大学・高専を2023年4月～2024年3月に卒業・修了見込みの方、若しくは上記学校を2020年4月～2023年3月に卒業・修了された方（ただし、いずれも正社員として就業経験のない方）
職種	事務系：現場事務、営業、経営企画、法務、総務、人事、経理、開発事業 ほか 土木系：土木現場における施工管理業務、設計、技術提案、研究開発 建築技術系：建築工事における計画、見積り、調達、工務、施工管理、BIM・デジタル技術の研究開発 ほか 建築設計系：建築設計業務全般（意匠・構造） 建築設備（設計系）：建物の給排水、冷暖房、照明、電気、防災などの設計業務 建築設備（施工系）：建物の給排水、冷暖房、照明、防災などの施工管理業務 エンジニアリング系：生産・研究・物流施設のエンジニアリング業務（計画、設計、施工、運用保守など） 環境系：環境関連プロジェクトの計画、設計、施工、施設運営の支援、及び環境技術の開発、営業 機電系：土木・建築現場における機械電気の計画・管理業務、技術開発（新工法、新型機械、施工の自動化・ロボット化等の開発） 数理系：建設プロジェクトや企業経営におけるIT活用の戦略企画、推進、及びサービス・システムとの構築と研究開発 開発系：不動産開発の企画、計画、推進、及び不動産開発に係るコンサルティング業務 ※建築設計系（意匠・構造）、建築設備設計系については、指定校による推薦制となっており、自由応募枠はありません。
給与	初任給（総合職） 博士了：月給33万円　修士了：30万円　大学・高専専攻科卒：28万円　高専卒：26万円
昇給	年1回（4月）
賞与	年2回（6月，12月）

保険	雇用保険・労災保険・健康保険・厚生年金保険
勤務地	全国各地、海外
勤務時間	8:30～17:30　一部フレックス制度あり
休日休暇	国民の祝日、土曜日、日曜日、年末年始・夏季休暇、年次有給休暇、結婚休暇、現場異動時休暇、産前・産後休暇、配偶者出産休暇、看護休暇、リフレッシュ休暇、記念日休暇、ボランティア休暇 ほか（その他 育児休業、介護休業などの休業制度あり）
教育制度	入社時：新入社員集合研修 入社後：階層・職種ごとの各種社内外研修、国内外留学ほか
募集学科	文系全般、土木系、建築系、機械系、電気・電子系、情報系、経営工学系、数学系、都市工・社会工系、化学系ほか
福利厚生	社宅・独身寮：本社・支店所在地にあり 厚生施設：健康管理センター、保養所、契約リゾートホテル、契約スポーツ施設 ほか クラブ活動：各種文化・運動サークル 各種制度：住宅融資制度、持株会など

✔ 採用の流れ (出典：東洋経済新報社『就職四季報』)

エントリーの時期	【総・技】3月～6月
採用プロセス	【総】ES提出（3月～）→適正検査・小論文→面接（3回）→内々定（6月上旬） 【技】ES提出（3月～）→適正検査→面接（2～3回）→内々定（6月）　※職種により異なる
採用実績数	（下表）
採用実績校	【文系】 （大学院）同志社大学 （大学）明治大学，早稲田大学，横浜国立大学，慶應義塾大学，京都大学，小樽商科大学，成蹊大学，青山学院大学，中央大学，東京外国語大学，東京大学，立教大学　他 【理系】 （大学院）東京大学，東京工業大学，芝浦工業大学，東北大学，北海道大学，早稲田大学，東京理科大学，横浜国立大学，熊本大学，信州大学，大阪大学，名古屋大学　他 （大学）日本大学，近畿大学，東京理科大学，福岡大学，明治大学，立命館大学　他

	大卒男	大卒女	修士男	修士女
2022年	111（文：30 理：81）	25（文：11 理：14）	104（文：2 理：102）	39（文：0 理：39）
2023年	110（文：34 理：76）	28（文：8 理：20）	128（文：1 理：127）	36（文：0 理：36）
2024年	107（文：35 理：72）	38（文：15 理：23）	135（文：1 理：134）	32（文：0 理：32）

✓2023年の重要ニュース（出典：日本経済新聞）

■鹿島社長「オセアニア、5年で2倍増収」M&Aの成果期待(1/10)

鹿島はオーストラリアとニュージーランドのオセアニア地域での売上高を現状の1000億円弱から5年程度で2倍に引き上げる。同地域ではオフィスビルや集合住宅など大型物件の開発が活発で、契約など商習慣も欧米の先進国に近いことから強化する。

天野裕正社長が日本経済新聞のインタビューで明らかにした。天野社長は「契約やビジネスのやり方が欧米先進国に近い」と利点を強調した。ビルやマンション、土木関連で扱う業務量を増やすという。

鹿島は2015年にオーストラリアに現地法人を設立後、同年に集合住宅の建設・開発を手がけるアイコン社を、17年に工場や公共施設の建設を手がけるコクラム社をM&A（合併・買収）した。22年3月期の連結売上高のうち海外売上高が6241億円と3割を占め、このうちオセアニア地域は968億円になる。

オセアニアの売上高はここ数年900億～1000億円台で推移するものの、天野社長は「現地に乗り込んで数年たつ。投資効果を出したい」と期待を込める。目標ありきではないとして売上高を2倍にする年限は定めないとしつつ「通常なら5年程度で見込めるのではないか」とした。

鹿島をはじめとする日系大手ゼネコンの海外進出は東南アジアと北米が中心だ。ただ、東南アジアを中心とするアジアは新型コロナウイルスの感染拡大により、工事中止や延期の影響が続く。鹿島のアジアの売上高は22年3月期に初めてオセアニアを下回った。天野社長は「アジアは23年3月期から24年3月期にかけてはコロナ禍前に比べて業績は低調だ」として、回復に数年かかるとみている。

一方、北米は電子商取引（EC）に伴う物流倉庫の開発事業が好調で、22年3月期の連結最終益が増益になる要因となった。オセアニアでは北米と同様に先進国型のEC需要が見込め、ビジネス上の契約慣行も北米に近い。北米で培った事業モデルを軸にアジア以外の成長市場としてオセアニアを重視する。

鹿島はオーストラリアでは22年3月期にビクトリア州政府から公共集合住宅の大型工事を受注したほか、オーストラリア軍の島しょ防衛施設の施工を手がけている。現地ゼネコンを傘下に収めた強みを生かし、公共事業の受注も収益基盤になると見込む。

■鹿島、生成AIで顧客提案の素案作成　会議の議事録も(8/6)

鹿島は自社専用の対話型人工知能（AI）を、自社とグループ会社の従業員2万人を対象に運用を始めた。顧客への技術提案の素案作成などに活用する。

現場事務所や本社での会議の議事録や要約の作成、対外文書の分析や添削などにも用いる。社内文書の検索や官庁向け文章の作成への利用などについても生成AIの活用を探る。

日本マイクロソフトが提供するクラウドサービス「Azure OpenAI Service（アジュール・オープンAI・サービス）」を利用する。入力したデータは通常の生成AIの学習データに取り込まれないことから、顧客情報や自社技術などの流出を防ぐ。社員以外の利用を防ぐために、認証やデータ履歴保存の機能を設けた。

■鹿島、国内でも物流倉庫開発　24年に東京・宮城で（9/17）

鹿島は国内で物流倉庫の開発事業に参入する。用地を確保して大型の倉庫を建設し、テナントを誘致。テナント入居後に私募不動産投資信託（REIT）などに売却する。まず2024年に数百億円を投じて東京都と宮城県の2カ所に建設する。電子商取引（EC）向けなどで物流倉庫需要は伸びている。オフィスなどに次ぐ不動産開発の柱に育てる。

東京都大田区に敷地面積約1万平方メートル、延べ床面積2万2000平方メートルの倉庫を、宮城県に敷地面積2万1000平方メートル、延べ床面積4万6000平方メートルの倉庫をそれぞれ建設する。いずれも8月に着工し、24年10月に竣工する。

どちらも複数の企業が入居できる「マルチテナント型」の倉庫で、大田区では小売りやEC関連企業の入居を見込む。宮城県では精密機械など製造業の需要を想定しており、誘致を進めている。

鹿島は海外で北米を中心に物流倉庫の開発を手がけており、国内でもノウハウを生かす。地方の中核都市を中心に用地の仕入れや需要調査、顧客開拓などに取り組む。今後5年程度で5～7棟、延べ床面積で計20万平方メートルの開発をめざす。

同社は24年3月期まで3年間の中期経営計画で、国内で1900億円の不動産開発投資を掲げている。これまではオフィスやマンションが中心だったが、物流倉庫も加えてポートフォリオの分散を進める。

大手ゼネコンの物流倉庫開発事業では清水建設が先行しており、延べ床面積ベースで30万平方メートル以上を手がけている。

✔2022年の重要ニュース (出典：日本経済新聞)

■鹿島、22年度3%賃上げへ　業績堅調で処遇改善（1/28）

鹿島は28日、2022年度の社員の賃金を、基本給のベースアップ（ベア）と定期昇給などで3%超引き上げる方針を固めた。ベア実施の場合は17年以来5年ぶりとなる。業績が比較的堅調なため、賃上げで社員の処遇改善につなげる。

今後、労働組合に申し入れる。ベア、定期昇給、一時金を組み合わせ3%超の賃上げとしたい考えだ。鹿島は17年の春季労使交渉で一律1万円のベアを実施して以降、定期昇給などでの賃上げは実施してきたが、ベアの実施は見送ってきた。

鹿島の22年3月期の連結純利益は前期比12%減の860億円となる見通しだが、期初時点の見通しよりも60億円上方修正している。賃上げの理由について鹿島は「厳しいコロナ禍の状況下でも一定の業績を確保しており、社員の労に報いたい」とする。「新しい資本主義」を政権の看板政策とする岸田文雄首相は、好業績企業について「3%を超える賃上げを期待する」と発言しており、鹿島は歩調を合わせたい考えだ。

建設業では就業人口減が深刻だ。総務省の労働力調査によると、00年の653万人から20年には492万人と25%減った。高齢化も進んでおり、日本建設業連合会（日建連）によると20年には55歳以上が36.0%に上る一方、29歳以下は11.8%にとどまる。将来的な担い手不足が懸念されるなか、建設業の各社は賃上げのみならず長時間労働の削減や育児・介護などでの休暇取得など、労働環境改善の取り組みを急ぐ。

■秋田・千葉沖の洋上風力に参画　オランダ企業と（2/24）

鹿島は24日、秋田県沖と千葉県沖の3海域での洋上風力発電事業について、協力企業として建設工事に参画すると発表した。オランダの海洋土木業者と共同企業体（JV）を結成し、設計や施工計画を立てて正式な受注をめざす。

鹿島が協力企業として参画するのは、秋田県能代市・三種町・男鹿市沖の38基（出力48万キロワット）と、同県由利本荘市沖の65基（82万キロワット）、千葉県銚子市沖の31基（39万キロワット）の3海域で、いずれも風車を海底に固定する着床式の施工だ。国土交通省と経済産業省は2021年12月、再エネ海域利用法に基づく公募・入札で三菱商事を中心とする企業連合を3海域の事業者として選定している。

鹿島はオランダの海洋土木企業バンオード社とJVを結成した。同社は欧州で40件以上の洋上風力発電プロジェクトを手がけた実績があるという。鹿島は洋上風力発電施設の施工に向け、五洋建設や寄神建設と共同で洋上風車建設に用いるSEP船を建造中で、今後具体的な計画を詰めていく。

促進区域では21年6月、長崎県五島市沖の洋上風力の事業者に戸田建設などで作る企業連合が選定されている。1.7万キロワットで風車を海に浮かべる浮体式の導入をめざしている。

■新卒初任給5000円引き上げ　人手不足解消狙う（3/30）

鹿島は2022年4月に入社する総合職の新入社員の初任給を、5000円引き上げて24万5000円とする。19年4月以来3年ぶりで、前年度比で2%の引き上げとなる。建設業では担い手不足が深刻で、各社では処遇改善で若い働き手を呼び込みたい考えだ。

ゼネコンでは大林組も、大卒と院卒の初任給をそれぞれ5000円ずつ引き上げる。18年以来4年ぶりで、大卒が24万5000円、院卒が26万5000円になる。

大手ゼネコン4社は22年度に、ベースアップ（ベア）も含めた3%の賃上げを表明するなど処遇改善を進めている。建設業では24年に労働基準法の残業上限規制が厳格になるため、時間外労働の削減による残業代減少も見込まれる。加えて、若い働き手が不足するとみられており、各社は現場社員の処遇改善で担い手確保を急ぐ。

■都心で高級不動産開発　英社の銀座の施設取得（11/1）

鹿島は都心部で富裕層向けの高級不動産の開発事業に乗り出す。英デベロッパーが銀座で手がける商業施設を取得して運営子会社を設立、商業テナント賃貸や高級住宅を手がける。為替の円安を追い風に、インバウンド（訪日観光客）や国内外の富裕層の需要を取り込む。英グロブナー社の日本支店から、銀座の商業施設1件と開発中の複合施設1件を計190億円で取得した。8月に運営子会社を設立して、国内外で高級不動産の開発・運営を手がける人材を集めた。

まず、銀座の商業施設では海外ブランドや富裕層向け旅行会社などのテナント賃貸を手がけ、訪日客を中心に観光客需要を取り込む。2022年度内にも高級住宅を取得し、日本に赴任する外国人や国内富裕層向けに賃貸事業を始める。

開発中の複合施設には二酸化炭素（CO2）排出量を減らしたコンクリートを用いる。太陽光発電などを活用してエネルギー消費が実質ゼロになるZEB（ゼロ・エネルギー・ビルディング）の取り組みも進め、環境性能を向上させる。

円安の進行で国内の高級不動産の割安感が高まっており、分譲など海外投資家向けの投資物件としての開発も目指す。

✔2021年の重要ニュース（出典：日本経済新聞）

■鹿島、4～12月期の純利益10%増　土木と建築で明暗(2/12)

鹿島が12日発表した2020年4～12月期の連結決算は、純利益が前年同期比10%増の764億円だった。売上高は1兆3889億円と3%減った。土木事業で設計変更に伴う追加工事を獲得するなどして採算が改善したが、オフィスビルや工場など建築事業(単体)の苦戦が目立った。建築の完成工事高は2割減、粗利益は8%減った。他の大手3社も建築は2割程度の減収だった。

建築事業は東京五輪に向けて前期までに大型工事が相次ぎ完成した反動に加え、公共インフラなどの土木事業と比べて新型コロナウイルスの影響を受けやすい。ホテルや商業施設、中小規模のリニューアル工事などの計画が先送りになった。こうした影響もあり、各社の20年4～12月期の純利益は大成建設が17%減、大林組が22%減、清水建設が25%減だった。

もっとも、建築事業は一定の手持ち工事高（繰越高）があり、工事が本格化する来期以降は収益が持ち直すとの見方が強い。各社の20年12月末時点の建築工事の手持ち工事高（繰越高）をみると、大成建設は前年同月比4%増の1兆6107億円、鹿島や大林組もおおむね前年程度の高水準を保っている。大和証券の寺岡秀明シニアアナリストは「22年3月期以降は建築事業の売り上げが回復する」とみる。

気がかりなのは、手持ち分から先の受注だ。ゼネコン各社は21年1～3月期に首都圏の再開発など大型工事の受注を見込むが「ターミナル駅前の高層ビルなど、象徴的な工事は特に大手間の競争が激しくなっている」(大手ゼネコン幹部)。工事採算が悪化する可能性もある。

■鹿島とJAXA、1000キロ先から建機操作　月面を想定(5/18)

ゼネコン大手の鹿島と宇宙航空研究開発機構（JAXA）は18日、月面での作業を想定し、1000キロ離れた場所から遠隔で建設機械を自動制御できる作業環境を実証したと発表した。米中をはじめとする宇宙開発競争が加速するなか、月面の有人拠点や水素プラント建設への応用を視野に実用化を急ぐ。

実験は3月に行われた。JAXA種子島宇宙センター（鹿児島県南種子町）の施工現場にある振動ローラーを、1000キロ以上離れたJAXA相模原キャンパス(相模原市）から操作した。4G回線を使って、3〜8秒の通信遅延が起きるとされる月面との交信環境を再現しながら、センサーや制御装置で障害物を避けてローラーを移動させ、自動で整地作業を実施した。

鹿島とJAXAは共同研究テーマを公募する「宇宙探査イノベーションハブ」で、2016年から建機の遠隔操作と自動制御について共同研究を進めてきた。今回は現実に近い通信環境で実際の施工作業を実現した。

宇宙開発の国際競争の加速で月面での無人施工の需要が高まるとみられ、30年代の実用化をめざす。JAXAは今後、月面で車両の走行環境のデータなどを収集し、建機の作業環境に反映させる。鹿島は宇宙開発関連の技術開発で得たノウハウをブルドーザーやショベルなど国内外の土木作業へ応用していく。

JAXA国際宇宙探査センター月極域探査機プリプロジェクトチームの星野健副チーム長は「将来的には月面にあるとされる水を利用した水素ステーションのプラント建設も視野に入れている」と語った。

■鹿島、トンネル工事のがれき搬出を自動化（6/30）

鹿島は30日、山間部のトンネル工事で発生するがれき搬出作業を、自動化した建設重機で実現したと発表した。トンネルの壁面への生コンクリート吹きつけ作業も自動化し、トンネル工事での発破以外をほぼすべて自動化した。2022年度にも実際の建設現場での適用をめざす。

鹿島は今回、コマツ製のホイールローダーで、ロボット掃除機の自動運転や自動車の車間距離の制御に使う技術を応用した。トンネル内の発信器のデータを基に位置を正確に把握し、発破でトンネル坑内に発生したがれきを数十メートル離れた設備に運ぶ。1回の発破で50回ほど往復する必要があり、またトンネル坑内での危険な作業を自動化することで、作業員の負担を軽減する。

吹きつけ作業では、壁面に必要な生コンの量や範囲を図面のデータから自動で計測し、制御するシステムを開発した。機械で吹き付ける際に、跳ね返るコンクリート量を3割削減することもできたという。

建設作業員の減少などを背景に、ゼネコン各社は建設作業の自動化を急ぐ。鹿島はこれまでもダムでのダンプやブルドーザーなどの自動化技術を実施しており、今後トンネル工事でも普及を進める。

✔ 就活生情報

他業界でなく，この業界を選んだ理由を面接で何度も聞かれました。一番最初は特に重視すべき

事務系総合職 2020卒

エントリーシート

・形式：採用ホームページから記入
・内容：基本情報，学生時代に力を入れたこと，志望動機

セミナー

・選考とは無関係
・服装：リクルートスーツ
・内容：業界及び企業の説明・座談会

筆記試験

・形式：Webテスト
・科目：SPI（数学，算数/国語，漢字/性格テスト）

面接（個人・集団）

・回数：3回
・質問内容：学生時代に力を入れたこと・その深堀り，建設業界及び企業の志望理由，入社したらやりたいこと・キャリアプラン

内定

・拘束や指示：役員面談，若手社員面談，内定者研修あり
・通知方法：電話

▶ その他受験者からのアドバイス

・なぜ他業界ではだめなのかといった質問を多くされた。なぜ建設業界を選んだのか，なぜこの会社なのか，自分の中で理由や動機を固めておく必要がある。入社したら何をやりたいかについては，OB訪問を通じて具体的な仕事内容やキャリアプランを考えておくとよい

技術系総合職 2020卒

エントリーシート

・形式：履歴書のみ

・内容：志望動機，志望職種と理由，研究内容，志望勤務地

セミナー

・選考とは無関係

・服装：きれいめの服装

・内容：企業紹介，好きな建築を聞かれる，社員への質問

筆記試験

・形式：Webテスト

・科目：SPI（数学，算数/国語，漢字）

面接（個人・集団）

・雰囲気：和やか

・回数：2回

・質問内容：好きな建築，研究内容，志望動機，入ったらやりたいこと

内定

・通知方法：その他

その他受験者からのアドバイス

・SPIの勉強は大事です

なぜ建設業界なのか，なぜ鹿島なのか，入社したら何がやりたいか，以上について，しっかり固めておきましょう

事務系 2019卒

エントリーシート

・形式：採用ホームページから記入
・内容：ゼミの内容，学生時代力を入れたこと，志望理由

セミナー

・選考とは無関係
・服装：リクルートスーツ
・内容：業界及び企業の説明・座談会

筆記試験

・形式：Webテスト
・科目：SPI（数学，算数/国語，漢字/性格テスト）

面接（個人・集団）

・雰囲気：普通
・回数：3回
・質問内容：学生時代力を入れたこと（深掘り），建設業界および企業の志望理由，入社したらやりたいこと，キャリアプラン

内定

・拘束や指示：役員面談・若手社員面談・内定者研修
・通知方法：電話

その他受験者からのアドバイス

・「入社したら何がやりたいか」については，具体的な仕事内容，キャリアプランなどを，OB訪問やその他を通じて考えておくとよい

文系事務 2018卒

エントリーシート

・形式：採用ホームページから記入
・内容：学生時代に頑張ったこと，志望動機

セミナー

・選考とは無関係
・服装：リクルートスーツ
・内容：業界説明，企業説明，業務紹介動画，よくある質問への回答

筆記試験

・形式：Webテスト
・科目：SPI（数学，算数／国語，漢字／性格テスト）

面接（個人・集団）

・質問内容：志望動機，自己PR，学生時代に点数をつけるなら，アルバイト何していたか，アルバイトの中で大変だったこと，他社の選考状況，就活の軸

内定

・通知方法：電話

その他受験者からのアドバイス

・連絡がとても速い（面接の当日，翌日には結果を教えてくれる）

鹿島建設の構造設計を志望するならば，SPIと小論文の対策はしっかりやっておいた方がいい

構造設計 2018卒

エントリーシート

・構造設計は大学院生のみの採用。また，大学院でも指定校推薦制のため，指定される大学院に在学していることが必須
・内容：私の長所・特徴（自覚している性格）と当社への志望動機・入社後の希望業務について

筆記試験

・形式：Webテスト
・科目：数学，算数／国語，漢字
・内容：SPI試験があります。鹿島建設はかなり，SPIの結果を重視しているとリクルーターに言われた

面接（個人・集団）

・雰囲気：和やか
・回数：1回
・質問内容:面接前に小論文の試験がある。研究内容，小論文の内容，エントリーシートの内容について

内定

・拘束や指示：意思確認のみ
・通知方法：電話
・タイミング：予定通り

その他受験者からのアドバイス

・面接が非常に和やかで良かった

自己分析をしっかり行いましょう。面接は緊張しますが，常に笑顔でハキハキと話す。これができれば，そこまで苦しい戦いにはならないと思います

事務系総合職 2017卒

エントリーシート

・形式：採用ホームページから記入
・内容：志望理由，学生時代に取り組んだこと

セミナー

・選考とは無関係
・服装：リクルートスーツ
・内容：人事からの説明，ちょっとしたグループワーク

筆記試験

・形式：Webテスト
・科目：数学，算数／国語，漢字／性格テスト

面接（個人・集団）

・雰囲気：和やか
・回数：4回
・質問内容：1回15分程度で非常に穏やか。進行役1人と年次高い方が数人

内定

・拘束や指示：他社辞退を口答で指示
・通知方法：電話
・タイミング：予定より早い

その他受験者からのアドバイス

・リクルーター以外にも様々な社員に会わせてくれる。紳士的。連絡が早い

企業研究と自己分析は，しっかりとやるべきと感じました

（職種未記入） 2017卒

エントリーシート

・形式：サイトからダウンロードした用紙に手で記入
・内容：研究内容，志望動機，学生時代に力を入れたこと

セミナー

・選考とは無関係
・服装：リクルートスーツ
・内容：説明会での態度，質問は何回したか全てチェックされている

筆記試験

・形式：Webテスト
・科目：数学，算数／国語，漢字／性格テスト
・内容：テストセンター（言語，非言語，性格テスト）

面接（個人・集団）

・雰囲気：和やか
・回数：2回
・質問内容：ESに沿ったこと

内定

・通知方法：二次面接の際にその場で内々定をもらった
・タイミング：予定より早い

その他受験者からのアドバイス

・説明会の態度をみて，現場見学会に呼ばれているなと感じた。また現場見学会での発言や態度も全てチェックされており，選考対象となっていたと思う。その代わり面接はかなり穏やかだった

自分の過去の経験に絡めて志望動機を伝えることができれば，説得力が増して好感度もアップすると思います

（職種未記入）2016卒

エントリーシート

・形式：指定の用紙に手書きで記入する形式

セミナー

・選考とは無関係
・服装：リクルートスーツ

筆記試験

・形式：Webテスト
・科目：数学，国語など

面接（個人・集団）

・回数：4回

エンジニアリング系技術採用 2012卒

エントリーシート

・形式：ダウンロードして，プリントアウトして手書きで記入
・内容：「志望動機」「自己PR」

セミナー

・選考とは無関係
・内容：鹿島は部門別採用なので，エンジニアリング系に行きたいなら，参加して仕事内容等を知っておいたほうがよい。説明会のアンケートで「OBと会いたい」と記入したら，後日連絡があり，OBを紹介してもらえた

筆記試験

・科目：テストセンターのSPI

面接（個人・集団）

・雰囲気：普通
・回数：3回
・質問内容：何故ゼネコンなのか，ゼネコンのエンジニアリング系に行きたい理由，エントリーシートに沿った質問など

内定

・拘束や指示：エンジニアリング系は完全自由応募のため，拘束や指示は特になかった
・通知方法：電子メール

選考は一般的です。会社研究をよく行って頑張ってください

総合職土木系 2012卒

エントリーシート

・形式：指定の用紙に手書きで記入
・内容：「研究内容」「自己PR」「何故鹿島か」「どんな仕事に就きたいか」「10年後自分はどうなっているか」

セミナー

・選考とは無関係
・服装：リクルートスーツ
・内容：現場見学会に参加した

筆記試験

・形式：Webテスト
・内容：SPI2

面接（個人・集団）

・雰囲気：和やか
・回数：4回
・質問内容：基本的にエントリーシートに沿った質問

内定

・拘束や指示：他社の選考辞退を指示された
・通知方法：電子メール

その他受験者からのアドバイス

・複数の企業のセミナーや説明会に出席してみるといい。それぞれの個性がよくわかる
・ある程度の努力以上は運と縁。それに尽きる
・まずは自分を理解することが大切。私はさまざまな業界を見ることで，自分は何がしたいのか，どんな職が向いているのかを知った

✔ 有価証券報告書の読み方

01 部分的に読み解くことからスタートしよう

「有価証券報告書（以下，有報）」という名前を聞いたことがある人も少なくはないだろう。しかし，実際に中身を見たことがある人は決して多くはないのではないだろうか。有報とは上場企業が年に1度作成する，企業内容に関する開示資料のことをいう。開示項目には決算情報や事業内容について，従業員の状況等について記載されており，誰でも自由に見ることができる。

一般的に有報は，証券会社や銀行の職員，または投資家などがこれを読み込み，その後の戦略を立てるのに活用しているイメージだろう。その認識は間違いではないが，だからといって就活に役に立たないというわけではない。就活を有利に進める上で，お得な情報がふんだんに含まれているのだ。ではどの部分が役に立つのか，実際に解説していく。

■有価証券報告書の開示内容

では実際に，有報の開示内容を見てみよう。

有価証券報告書の開示内容

第一部【企業情報】
- 第1　【企業の概況】
- 第2　【事業の状況】
- 第3　【設備の状況】
- 第4　【提出会社の状況】
- 第5　【経理の状況】
- 第6　【提出会社の株式事務の概要】
- 第7　【提出会社の状参考情報】

第二部【提出会社の保証会社等の情報】
- 第1　【保証会社情報】
- 第2　【保証会社以外の会社の情報】
- 第3　【指数等の情報】

有報は記載項目が統一されているため，どの会社に関しても同じ内容で書かれている。このうち就活において必要な情報が記載されているのは，第一部の第1【企業の概況】～第5【経理の状況】まで，それ以降は無視してしまってかまわない。

02 企業の概況の注目ポイント

第1【企業の概況】には役立つ情報が満載。そんな中，最初に注目したいのは，冒頭に記載されている【主要な経営指標等の推移】の表だ。

回次		第25期	第26期	第27期	第28期	第29期
決算年月		平成24年３月	平成25年３月	平成26年３月	平成27年３月	平成28年３月
営業収益	(百万円)	2,532,173	2,671,822	2,702,916	2,756,165	2,867,199
経常利益	(百万円)	272,182	317,487	332,518	361,977	428,902
親会社株主に帰属する当期純利益	(百万円)	108,737	175,384	199,939	180,397	245,309
包括利益	(百万円)	109,304	197,739	214,632	229,292	217,419
純資産額	(百万円)	1,890,633	2,048,192	2,199,357	2,304,976	2,462,537
総資産額	(百万円)	7,060,409	7,223,204	7,428,303	7,605,690	7,789,762
１株当たり純資産額	(円)	4,738.51	5,135.76	5,529.40	5,818.19	6,232.40
１株当たり当期純利益	(円)	274.89	443.70	506.77	458.95	625.82
潜在株式調整後１株当たり当期純利益	(円)	—	—	—	—	—
自己資本比率	(%)	26.5	28.1	29.4	30.1	31.4
自己資本利益率	(%)	5.9	9.0	9.5	8.1	10.4
株価収益率	(倍)	19.0	17.4	15.0	21.0	15.5
営業活動によるキャッシュ・フロー	(百万円)	558,650	588,529	562,763	622,762	673,109
投資活動によるキャッシュ・フロー	(百万円)	△370,684	△465,951	△474,697	△476,844	△499,575
財務活動によるキャッシュ・フロー	(百万円)	△152,428	△101,151	△91,367	△86,636	△110,265
現金及び現金同等物の期末残高	(百万円)	167,525	189,262	186,057	245,170	307,809
従業員数［ほか、臨時従業員数］	(人)	71,729 [27,746]	73,017 [27,312]	73,551 [27,736]	73,329 [27,313]	73,053 [26,147]

見慣れない単語が続くが，そう難しく考える必要はない。特に注意してほしいのが，**営業収益**，**経常利益**の二つ。営業収益とはいわゆる**総売上額**のことであり，これが企業の本業を指す。その営業収益から営業費用（営業費（販売費＋一般管理費）＋売上原価）を差し引いたものが**営業利益**となる。会社の業種はなんであれ，モノを顧客に販売した合計値が営業収益であり，その営業収益から人件費や家賃，広告宣伝費などを差し引いたものが営業利益と覚えておこう。対して経常利益は営業利益から本業以外の損益を差し引いたもの。いわゆる金利による収益や不動産収入などがこれにあたり，本業以外でその会社がどの程度の力をもっているかをはかる絶好の指標となる。

■会社のアウトラインを知れる情報が続く。

この主要な経営指標の推移の表につづいて,「会社の沿革」,「事業の内容」,「関係会社の状況」「従業員の状況」などが記載されている。自分が試験を受ける企業のことを,より深く知っておくにこしたことはない。会社がどのように発展してきたのか,主としている事業はどのようなものがあるのか,従業員数や平均年齢はどれくらいなのか,志望動機などを作成する際に役立ててほしい。

03 事業の状況の注目ポイント

第2となる【事業の状況】において,最重要となるのは**業績等の概要**といえる。ここでは1年間における収益の増減の理由が文章で記載されている。「○○という商品が好調に推移したため,売上高は△△になりました」といった情報が,比較的易しい文章で書かれている。もちろん,損失が出た場合に関しても包み隠さず記載してあるので,その会社の1年間の動向を知るための格好の資料となる。

また,業績については各事業ごとに細かく別れて記載してある。例えば鉄道会社ならば,①運輸業,②駅スペース活用事業,③ショッピング・オフィス事業,④その他といった具合だ。**どのサービス・商品がどの程度の売上を出したのか**,会社の持つ展望として,今後**どの事業をより活性化**していくつもりなのか,などを意識しながら読み進めるとよいだろう。

■「対処すべき課題」と「事業等のリスク」

業績等の概要と同様に重要となるのが,「**対処すべき課題**」と「**事業等のリスク**」の2項目といえる。ここで読み解きたいのは,その会社の**今後の伸びしろ**について。いま,会社はどのような状況にあって,どのような課題を抱えているのか。また,その課題に対して取られている対策の具体的な内容などから経営方針などを読み解くことができる。リスクに関しては法改正や安全面,他の企業の参入状況など,会社にとって決してプラスとは言えない情報もつつみ隠さず記載してある。客観的にその会社を再評価する意味でも,ぜひ目を通していただきたい。

次代を担う就活生にとって,ここの情報はアピールポイントとして組み立てやすい。「新事業の○○の発展に際して……」,「御社が抱える●●というリスクに対して……」などという発言を面接時にできれば,面接官の心証も変わってくるはずだ。

04 経理の状況の注目ポイント

最後に注目したいのが，第5【経理の状況】だ。ここでは，簡単にいえば【主要な経営指標等の推移】の表をより細分化した表が多く記載されている。ここの情報をすべて理解するのは，簿記の知識がないと難しい。しかし，そういった知識があまりなくても，読み解ける情報は数多くある。例えば**損益計算書**などがそれに当たる。

連結損益計算書

（単位：百万円）

	前連結会計年度 （自 平成26年4月1日 至 平成27年3月31日）	当連結会計年度 （自 平成27年4月1日 至 平成28年3月31日）
営業収益	2,756,165	2,867,199
営業費		
運輸業等営業費及び売上原価	1,806,181	1,841,025
販売費及び一般管理費	※1 522,462	※1 538,352
営業費合計	2,328,643	2,379,378
営業利益	427,521	487,821
営業外収益		
受取利息	152	214
受取配当金	3,602	3,703
物品売却益	1,438	998
受取保険金及び配当金	8,203	10,067
持分法による投資利益	3,134	2,565
雑収入	4,326	4,067
営業外収益合計	20,858	21,616
営業外費用		
支払利息	81,961	76,332
物品売却損	350	294
雑支出	4,090	3,908
営業外費用合計	86,403	80,535
経常利益	361,977	428,902
特別利益		
固定資産売却益	※4 1,211	※4 838
工事負担金等受入額	※5 59,205	※5 24,487
投資有価証券売却益	1,269	4,473
その他	5,016	6,921
特別利益合計	66,703	36,721
特別損失		
固定資産売却損	※6 2,088	※6 1,102
固定資産除却損	※7 3,957	※7 5,105
工事負担金等圧縮額	※8 54,253	※8 18,346
減損損失	※9 12,738	※9 12,297
耐震補強重点対策関連費用	8,906	10,288
災害損失引当金繰入額	1,306	25,085
その他	30,128	8,537
特別損失合計	113,379	80,763
税金等調整前当期純利益	315,300	384,860
法人税、住民税及び事業税	107,540	128,972
法人税等調整額	26,202	9,326
法人税等合計	133,742	138,298
当期純利益	181,558	246,561
非支配株主に帰属する当期純利益	1,160	1,251
親会社株主に帰属する当期純利益	180,397	245,309

主要な経営指標等の推移で記載されていた**経常利益**の算出する上で必要な営業外収益などについて，詳細に記載されているので，一度目を通しておこう。

いよいよ次ページからは実際の有報が記載されている。ここで得た情報をもとに有報を確実に読み解き，就職活動を有利に進めよう。

✔ 有価証券報告書

※抜粋

企業の概況

1　主要な経営指標等の推移

(1)　連結経営指標等

回次		第122期	第123期	第124期	第125期	第126期
決算年月		2019年３月	2020年３月	2021年３月	2022年３月	2023年３月
売上高	(百万円)	1,974,269	2,010,751	1,907,176	2,079,695	2,391,579
経常利益	(百万円)	162,901	146,645	139,729	152,103	156,731
親会社株主に帰属する当期純利益	(百万円)	109,839	103,242	98,522	103,867	111,789
包括利益	(百万円)	112,739	76,187	118,229	115,654	149,685
純資産額	(百万円)	756,924	796,020	884,806	953,566	1,061,145
総資産額	(百万円)	2,091,175	2,172,108	2,164,806	2,337,741	2,769,718
１株当たり純資産額	(円)	1,451.66	1,544.71	1,731.16	1,920.45	2,165.12
１株当たり当期純利益金額	(円)	211.67	200.99	193.13	208.00	227.98
潜在株式調整後１株当たり当期純利益金額	(円)	－	－	－	－	－
自己資本比率	(%)	36.0	36.5	40.4	40.5	38.0
自己資本利益率	(%)	15.5	13.4	11.8	11.4	11.2
株価収益率	(倍)	7.7	5.5	8.1	7.2	7.0
営業活動によるキャッシュ・フロー	(百万円)	30,390	53,061	153,097	30,215	△29,116
投資活動によるキャッシュ・フロー	(百万円)	△25,346	△101,813	△65,434	△51,166	△81,743
財務活動によるキャッシュ・フロー	(百万円)	△75,007	△10,866	△39,110	△20,930	111,893
現金及び現金同等物の期末残高	(百万円)	315,451	255,646	300,991	267,733	282,253
従業員数〔外、平均臨時雇用人員〕	(人)	18,297〔3,319〕	18,673〔3,441〕	18,905〔3,459〕	19,295〔3,511〕	19,396〔3,710〕

(注) 1　2018年10月1日付で当社普通株式2株につき1株の割合で株式併合を実施したため，2019年3月期の期首に当該株式併合が行われたと仮定し，1株当たり純資産額及び1株当たり当期純利益金額を算定している。

2　潜在株式調整後1株当たり当期純利益金額については，潜在株式が存在しないため記載していない。

3　「収益認識に関する会計基準」（企業会計基準第29号2020年3月31日）等を2022年3月期の期首か

---

point　主要な経営指標等の推移

数年分の経営指標の推移がコンパクトにまとめられている。見るべき箇所は連結の売上，利益，株主資本比率の3つ。売上と利益は順調に右肩上がりに伸びているか，逆に利益で赤字が続いていたりしないかをチェックする。株主資本比率が高いとリーマンショックなど景気が悪化したときなどでも経営が傾かないという安心感がある。

ら適用しており，2022年3月期以降に係る主要な経営指標等については，当該会計基準等を適用した後の指標等となっている。

(2) 提出会社の経営指標等

回次		第122期	第123期	第124期	第125期	第126期
決算年月		2019年３月	2020年３月	2021年３月	2022年３月	2023年３月
売上高	(百万円)	1,280,366	1,305,057	1,189,562	1,244,923	1,432,774
経常利益	(百万円)	132,504	120,593	114,285	92,403	103,309
当期純利益	(百万円)	97,078	80,136	82,829	72,192	78,416
資本金	(百万円)	81,447	81,447	81,447	81,447	81,447
発行済株式総数	(千株)	528,656	528,656	528,656	528,656	528,656
純資産額	(百万円)	545,421	563,176	638,435	656,485	693,278
総資産額	(百万円)	1,546,981	1,593,643	1,558,909	1,642,964	1,764,726
１株当たり純資産額	(円)	1,049.18	1,096.69	1,261.00	1,330.57	1,423.48
１株当たり配当額 (うち１株当たり中間配当額)	(円)	38.00 (12.00)	50.00 (25.00)	54.00 (25.00)	58.00 (27.00)	70.00 (29.00)
１株当たり当期純利益金額	(円)	186.74	155.72	162.06	144.29	159.61
潜在株式調整後 １株当たり当期純利益金額	(円)	－	－	－	－	－
自己資本比率	(%)	35.3	35.3	41.0	40.0	39.3
自己資本利益率	(%)	19.2	14.5	13.8	11.2	11.6
株価収益率	(倍)	8.8	7.1	9.7	10.3	10.0
配当性向	(%)	26.8	32.1	33.3	40.2	43.9
従業員数 〔外、平均臨時雇用人員〕	(人)	7,783 〔1,734〕	7,887 〔1,795〕	7,989 〔1,870〕	8,080 〔1,914〕	8,129 〔2,008〕
株主総利回り (比較指標：配当込みTOPIX)	(%) (%)	85.3 (95.0)	61.2 (85.9)	87.4 (122.1)	86.3 (124.6)	95.2 (131.8)
最高株価	(円)	1,677 (1,064)	1,692	1,660	1,611	1,702
最低株価	(円)	1,366 (748)	909	994	1,247	1,333

(注) 1　2018年10月1日付で当社普通株式2株につき1株の割合で株式併合を実施したため，2019年3月期の期首に当該株式併合が行われたと仮定し，1株当たり純資産額及び1株当たり当期純利益金額を算定している。

2　2019年3月期の1株当たり配当額38円は，中間配当額12円と期末配当額26円の合計である。中間配当額12円は株式併合前の配当額，期末配当額26円は株式併合後の配当額である。株式併合の影響を考慮した場合の中間配当額は24円となり，1株当たり年間配当額は50円となる。

3　潜在株式調整後1株当たり当期純利益金額については，潜在株式が存在しないため記載していない。

4　株主総利回りについては，株式併合の影響を考慮して算定している。
5　最高株価及び最低株価は，2022年4月3日以前は東京証券取引所市場第一部におけるものであり，2022年4月4日以降は東京証券取引所プライム市場におけるものである。なお，2019年3月期の株価については株式併合実施後の最高株価及び最低株価を記載しており，株式併合実施前の最高株価及び最低株価は括弧内に記載している。
6「収益認識に関する会計基準」（企業会計基準第29号2020年3月31日）等を2022年3月期の期首から適用しており，2022年3月期以降に係る主要な経営指標等については，当該会計基準等を適用した後の指標等となっている。

2 沿革

当社の創業は，1840（天保11）年，鹿島岩吉が現在の東京都中央区京橋付近に「大岩」の屋号で店を構えたことに遡る。

松平越中守の江戸屋敷など大名屋敷の普請を得意とし，開国後は洋館建築を多く手掛けるが，1880（明治13）年，鹿島組を名乗って鉄道請負に転身する。以来，全国各地において鉄道，水力発電所等の土木工事を手掛け，大正期には建築分野も拡充し，総合建設業者としての基礎を確立した。

1930（昭和5）年3月，資本金300万円をもって株式会社鹿島組を設立し，会社組織に変更した。

設立後の主な変遷は次のとおりである。

1930年3月	・株式会社鹿島組を設立
1940年2月	・大阪支店開設
1941年2月	・札幌支店開設
1945年11月	・名古屋支店開設
1946年1月	・九州支店開設
1947年3月	・仙台支店，広島支店，横浜支店開設
1947年12月	・社名を鹿島建設株式会社と改称
1948年6月	・四国支店開設
1949年10月	・建設業法により建設大臣登録（イ）第432号の登録を受けた。
1950年4月	・大興物産株式会社（現連結子会社）の株式を譲受
1958年6月	・株式会社鹿島製作所を吸収合併
1961年10月	・当社株式を東京証券取引所（現株式会社東京証券取引所），大阪証券取引所（現株式会社大阪取引所）に上場
1962年10月	・当社株式を名古屋証券取引所（現株式会社名古屋証券取引所）に上場

point 沿革

どのように創業したかという経緯から現在までの会社の歴史を年表で知ることができる。過去に行った重要なM& Aなどがいつ行われたのか，ブランド名はいつから使われているのか，いつ頃から海外進出を始めたのか，など確認することができて便利だ。

1964年11月	・丸善鋪道株式会社（現鹿島道路株式会社・連結子会社）の株式を譲受
1968年7月	・本店所在地変更（新所在地・東京都港区元赤坂一丁目2番7号）
1971年1月	・住宅事業並びに不動産取引に関する業務を事業目的に追加した。
1971年7月	・宅地建物取引業法により宅地建物取引業者として建設大臣免許（1）第991号の免許を受けた。
1972年7月	・建設事業の調査，企画立案，設計，施工，資材機器調達の受託等を事業目的に追加した。
1973年11月	・建設業法の改正により特定建設業者として建設大臣許可（特－48）第2100号，一般建設業者として建設大臣許可（般－48）第2100号の許可を受けた。（なお，1991年11月，一般建設業を特定建設業に一本化した。）
1977年12月	・北陸支店開設
1984年1月	・鹿島リース株式会社（現連結子会社）を設立
1986年11月	・カジマユーエスエーインコーポレーテッド（現連結子会社）を設立
1987年9月	・カジマヨーロッパビーヴイ（2019年9月清算結了）を設立
1987年12月	・仙台支店を東北支店に改称
1988年4月	・カジマオーバーシーズアジアピーティーイーリミテッド（現カジマアジアパシフィックホールディングスピーティーイーリミテッド・連結子会社）を設立
1988年10月	・関東支店，東京支店開設（本店機構であった土木本部，建築本部を統合分離し，当該2支店を開設）
1995年3月	・大阪支店を関西支店に組織変更
2005年6月	・東京土木支店，東京建築支店（東京支店を前記2支店に分離），海外支店開設
2007年7月	・本店所在地変更（新所在地・東京都港区元赤坂一丁目3番1号）
2008年4月	・札幌支店を北海道支店に，名古屋支店を中部支店に，広島支店を中国支店にそれぞれ改称
2008年7月	・カジマヨーロッパリミテッド（現連結子会社）を設立
2010年3月	・鹿島道路株式会社を株式交換により完全子会社化
2011年12月	・海外支店を海外土木支店に改称
2015年2月	・カジマオーストラリアピーティーワイリミテッド（現連結子会社）を設立
2017年4月	・海外土木支店を廃止，本社直轄の海外土木事業部を新設
2022年4月	・東京証券取引所，名古屋証券取引所の市場区分の見直しに伴い，東京証券取引所市場第一部からプライム市場，名古屋証券取引所市場第一部からプレミア市場に移行

3 事業の内容

当社グループは，当社，子会社188社，関連会社108社で構成され，当社は土木事業，建築事業，開発事業等の事業活動を展開するとともに，国内関係会社が主に日本国内において多様な事業を，海外関係会社が海外地域において建設事業，開発事業等を展開している。

当社グループに属する各社の事業に係る位置づけ及びセグメント情報との関連は，次のとおりである。なお，次の5つは，セグメント情報と同一の区分である。

(1) 土木事業 ……………………………………………………………

当社が建設事業のうち，土木工事の受注，施工等を行っている。

(2) 建築事業 ……………………………………………………………

当社が建設事業のうち，建築工事の受注，施工等を行っている。

(3) 開発事業等 …………………………………………………………

当社が不動産開発全般に関する事業及び意匠・構造設計，その他設計，エンジニアリング全般の事業を行っている。

(4) 国内関係会社 ………………………………………………………

当社の国内関係会社が主に日本国内において行っている事業であり，大興物産（株）が建設資機材の販売を，カジマメカトロエンジニアリング（株）が建設用機械の納入を行っているほか，鹿島道路（株），ケミカルグラウト（株），（株）クリマテック，（株）イリア等が専門工事の請負を行っており，その一部を当社が発注している。

また，鹿島リース（株）が総合リース業を，鹿島建物総合管理（株）が建物総合管理業を行っており，その一部を当社が発注している。

イートンリアルエステート（株）が不動産の売買及び賃貸等を，鹿島東京開発（株）がビル賃貸・ホテル経営を，鹿島八重洲開発（株）がビル賃貸事業を，（株）森林公園ゴルフ倶楽部がゴルフ場の経営を行っているほか，熱海インフラマネジメント合同会社が有料道路の運営・管理を行っている。

(5) 海外関係会社 ………………………………………………………

当社の海外関係会社が海外地域において行っている事業であり，主にカジマユーエスエーインコーポレーテッドが米国を中心とする北米で，カジマヨーロッ

---

point 事業の内容

会社の事業がどのようにセグメント分けされているか，そして各セグメントではどのようなビジネスを行っているかなどの説明がある。また最後に事業の系統図が載せてあり，本社，取引先，国内外子会社の製品・サービスや部品の流れが分かる。ただセグメントが多いコングロマリットをすぐに理解するのは簡単ではない。

パリミテッドが欧州で，カジマアジアパシフィックホールディングスピーティーイーリミテッドがアジアで，カジマオーストラリアピーティーワイリミテッドが大洋州でそれぞれ建設事業，開発事業等を行っている。

事業の系統図は次のとおりである。

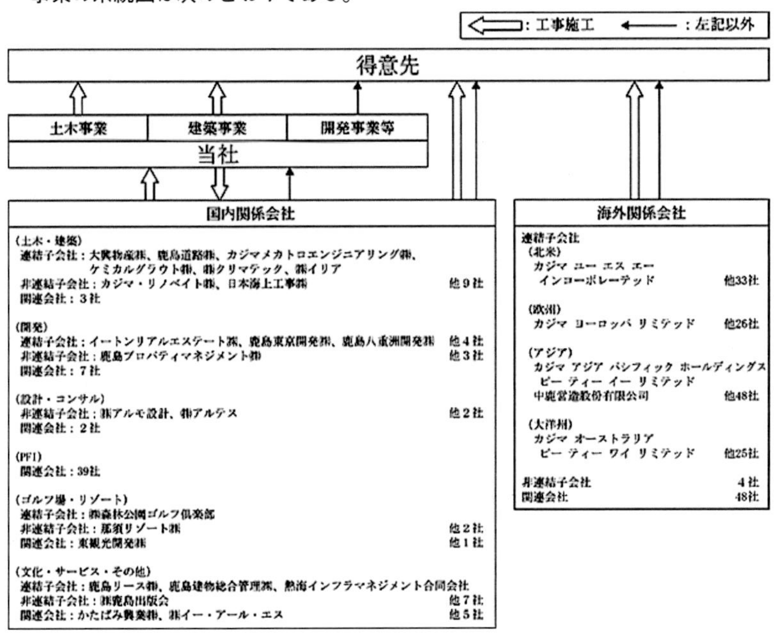

4 関係会社の状況

(1) 連結子会社

名称	住所	資本金又は出資金	主要な事業の内容	議決権の所有割合(%)	関係内容
(国内関係会社)					
大興物産㈱	東京都港区	百万円 750	建設資材・建設機械等の加工及び販売、内外装工事等の請負	100	当社が工事施工に伴う資機材及び建設工事を発注している。(当社との役員の兼務) 役員3人、従業員1人
鹿島道路㈱	東京都文京区	百万円 4,000	舗装工事の設計・施工、土木・建築工事の請負又は受託	100	当社が建設工事を発注している。(当社との役員の兼務) 役員1人、従業員1人
鹿島リース㈱	東京都港区	百万円 400	建物及び附帯設備、各種機器等のリース・売買	100	当社に建設工事を発注している。また、当社グループにリース機器を納入している。(当社との役員の兼務) 役員2人、従業員2人
イートンリアルエステート㈱ *1	東京都千代田区	百万円 20,470	不動産の売買及び賃貸等	100	(当社との役員の兼務) 役員1人、従業員4人
カジマメカトロエンジニアリング㈱	東京都港区	百万円 400	建設用機械の製造・施工	100	当社に建設用機械を納入している。また、当社が建物等の賃貸、資金の貸付を行っている。(当社との役員の兼務) 役員3人、従業員2人
ケミカルグラウト㈱	東京都港区	百万円 300	建設基礎工事の設計・施工	100	当社が建設工事を発注している。(当社との役員の兼務) 役員2人、従業員1人
㈱クリマテック	東京都新宿区	百万円 300	給排水衛生・空調設備工事等の設計・施工	100	当社が建設工事を発注している。(当社との役員の兼務) 役員3人、従業員3人
鹿島建物総合管理㈱	東京都新宿区	百万円 100	建物の管理・メンテナンス業務	100	当社グループから建物の管理等を受託している。(当社との役員の兼務) 役員1人、従業員1人
鹿島東京開発㈱	東京都江東区	百万円 100	当社保有のビル賃貸、管理及び運営、ホテル経営	100	当社が建物を賃貸している。(当社との役員の兼務) 役員1人、従業員4人
鹿島八重洲開発㈱	東京都港区	百万円 100	ビル賃貸事業	100	当社が建物の賃貸、資金の貸付を行っている。(当社との役員の兼務) 役員2人、従業員4人
熱海インフラマネジメント合同会社	東京都港区	百万円 100	有料道路の運営・管理	100 (10.0)	当社が資金を貸付けている。(当社との役員の兼務) 役員1人、従業員2人
㈱イリア	東京都港区	百万円 50	インテリアの企画・製作・販売・施工	100	当社が工事施工に伴う家具・備品等及び内装工事を発注している。また、当社が建物を賃貸している。(当社との役員の兼務) 役員3人、従業員2人
㈱森林公園ゴルフ倶楽部	埼玉県大里郡寄居町	百万円 50	ゴルフ場経営	100	当社が建物等を賃貸している。(当社との役員の兼務) 役員4人、従業員2人
銀座並木特定目的会社 *1 *2	東京都港区	百万円 11,100	不動産の賃貸等	100 (100)	-
銀座歌舞伎特定目的会社 *2	東京都港区	百万円 5,200	不動産の開発等	100 (100)	-
合同会社桜島開発を営業者とする匿名組合 *2	東京都中央区	百万円 8,100	不動産の開発等	100	当社が資金を貸付けている。
OK大宮開発合同会社を営業者とする匿名組合 *2	東京都千代田区	百万円 3,659	不動産の開発等	90.0	当社に建設工事を発注している。

point 関係会社の状況

主に子会社のリストであり，事業内容や親会社との関係についての説明がされている。特に製造業の場合などは子会社の数が多く，すべてを把握することは難しいが，重要な役割を担っている子会社も多くある。有報の他の項目では一度も触れられていない場合が多いので，気になる会社については個別に調べておくことが望ましい。

名称	住所	資本金又は出資金	主要な事業の内容	議決権の所有割合(%)	関係内容
(海外関係会社)					
カジマ ユー エス エー インコーポレーテッド	Atlanta U.S.A.	千US$ 5,000	北米等における子会社の統括及び関係会社への投融資	100	(当社との役員の兼務) 役員2人、従業員4人
カジマ・インターナショナル・インコーポレーテッド	Atlanta U.S.A.	US$ 4	北米等における建設事業の統括	100 (100)	(当社との役員の兼務) 役員3人、従業員3人
カジマ・ビルディング・アンド・デザイン・インコーポレーテッド	Atlanta U.S.A.	US$ 2	北米における建設事業	100 (100)	(当社との役員の兼務) 役員なし、従業員2人
ハワイアン・ドレッジング・コンストラクション・カンパニー・インコーポレーテッド	Honolulu U.S.A.	千US$ 26	北米における建設事業	100 (100)	(当社との役員の兼務) 役員1人、従業員2人
ザ・オースティン・カンパニー	Cleveland U.S.A.	US$ 2	北米等における建設事業	100 (100)	(当社との役員の兼務) 役員なし、従業員2人
バトソンクック・カンパニー	West Point U.S.A.	千US$ 1,866	北米における建設事業	100 (100)	(当社との役員の兼務) 役員なし、従業員2人
フラワノイ・コンストラクション・グループ・L.L.C.	Columbus U.S.A.	千US$ 12,648	北米における建設事業	100 (100)	(当社との役員の兼務) 役員なし、従業員2人
カジマ・パシフィック・L.L.C.	Dededo U.S.A.	千US$ 120	北米における建設事業	100 (100)	(当社との役員の兼務) 役員なし、従業員なし
カジマ・リアルエステート・デベロップメント・インコーポレーテッド	Atlanta U.S.A.	千US$ 4,169	北米における開発事業の統括	100 (100)	(当社との役員の兼務) 役員2人、従業員3人
ロジスティック・デベロップメンツ・インターナショナル・L.L.C.	Atlanta U.S.A.	千US$ 53,136	北米における開発事業	100 (100)	(当社との役員の兼務) 役員なし、従業員3人
ウィザースプーン・プロパティーズ・インコーポレーテッド	Atlanta U.S.A.	千US$ 2,000	北米における開発事業	100 (100)	(当社との役員の兼務) 役員なし、従業員3人
デベロップメント・ベンチャーズ・グループ・インコーポレーテッド	New York U.S.A.	US$ 200	北米における開発事業	100 (100)	(当社との役員の兼務) 役員なし、従業員3人
カジマ・デベロップメント・コーポレーション	Los Angeles U.S.A.	US$ 100	北米における開発事業	100 (100)	(当社との役員の兼務) 役員なし、従業員3人
バトソンクック・デベロップメント・カンパニー	Atlanta U.S.A.	US$ 10	北米における開発事業	100 (100)	(当社との役員の兼務) 役員なし、従業員3人
コアファイブ・インダストリアル・パートナーズ・L.L.C. ＊1	Atlanta U.S.A.	千US$ 200,000	北米における開発事業	100 (100)	(当社との役員の兼務) 役員1人、従業員3人
フラワノイ・デベロップメント・グループ・L.L.C.	Columbus U.S.A.	千US$ 55,134	北米における開発事業	100 (100)	(当社との役員の兼務) 役員なし、従業員3人
カジマ ヨーロッパ リミテッド ＊1	London U.K.	千STG 81,400	欧州における子会社の統括及び関係会社への投融資	100	(当社との役員の兼務) 役員3人、従業員4人
カジマ・ヨーロッパ・デザイン・アンド・コンストラクション(ホールディング)リミテッド	London U.K.	千STG 9,290	欧州における建設事業の統括	100 (100)	(当社との役員の兼務) 役員3人、従業員3人
カジマ・チェコ・デザイン・アンド・コンストラクション・s.r.o.	Prague Czech Republic	千CZK 135,000	チェコにおける建設事業	100 (100)	(当社との役員の兼務) 役員1人、従業員4人
カジマ・ポーランド・Sp. z o.o.	Warsaw Poland	千PLN 21,000	ポーランドにおける建設事業	100 (100)	(当社との役員の兼務) 役員1人、従業員4人
カジマ・コンストラクション・ヨーロッパ(U.K.)リミテッド ＊1 ＊5	London U.K.	千STG 86,000	英国における建設事業	100 (100)	(当社との役員の兼務) 役員1人、従業員1人
カジマ・エステーツ(ヨーロッパ)リミテッド ＊1	London U.K.	千STG 88,514	欧州における開発事業の統括	100 (100)	(当社との役員の兼務) 役員3人、従業員3人
カジマ・パートナーシップス・リミテッド	London U.K.	千STG 100	欧州における開発事業	100 (100)	(当社との役員の兼務) 役員1人、従業員2人
カジマ・プロパティーズ(ヨーロッパ)リミテッド	London U.K.	千STG 30,615	欧州における開発事業	100 (100)	(当社との役員の兼務) 役員1人、従業員2人
カジマ・ヨーロッパ・S.A.S.	Paris France	千EUR 20,631	フランスにおける開発事業の統括	100 (100)	(当社との役員の兼務) 役員1人、従業員1人
カジマ・ステューデント・ハウジング・リミテッド	London U.K.	千STG 5,000	ポーランドにおける開発事業	100 (100)	(当社との役員の兼務) 役員1人、従業員2人

名称	住所	資本金 又は 出資金	主要な事業 の内容	議決権の 所有割合 (%)	関係内容
カジマ アジア パシフィック ホールディングス ピー ティー イー リミテッド ＊1	Singapore	千S$ 579,339	アジアにおける子会社の統括 及び関係会社への投融資	100	(当社との役員の兼務) 役員３人、従業員３人
カジマ・オーバーシーズ・アジア・ PTE・リミテッド ＊1	Singapore	千S$ 121,693	アジアにおける建設事業の統括	100 (100)	(当社との役員の兼務) 役員２人、従業員３人
カジマ・オーバーシーズ・ アジア(シンガポール) PTE・リミテッド ＊1	Singapore	千S$ 140,000	シンガポールにおける建設事業	100 (100)	(当社との役員の兼務) 役員なし、従業員６人
カジマ・マレーシア・SDN. BHD.	Kuala Lumpur Malaysia	千RM 1,000	マレーシアにおける建設事業	100 (100)	(当社との役員の兼務) 役員なし、従業員４人
P.T.カジマ・インドネシア	Jakarta Indonesia	千RP 509,160	インドネシアにおける建設事業	80.0 (80.0)	(当社との役員の兼務) 役員なし、従業員２人
カジマ・フィリピン・ インコーポレーテッド ＊3	Manila Philippines	千PP 30,815	フィリピンにおける建設事業	40.0 (40.0)	(当社との役員の兼務) 役員なし、従業員２人
タイ・カジマ・ カンパニー・リミテッド ＊3	Bangkok Thailand	千THB 5,600	タイにおける建設事業	40.2 (40.2)	(当社との役員の兼務) 役員なし、従業員４人
カジマ・インディア・ PVT・リミテッド	Gurugram India	千INR 1,000,000	インドにおける建設事業	100 (100)	(当社との役員の兼務) 役員なし、従業員５人
カジマ・ベトナム・ カンパニー・リミテッド	Ho Chi Minh Vietnam	千US$ 18,000	ベトナムにおける建設事業	100 (100)	(当社との役員の兼務) 役員なし、従業員４人
カジマ・ミャンマー・ カンパニー・リミテッド	Yangon Myanmar	千US$ 5,000	ミャンマーにおける建設事業	100 (100)	(当社との役員の兼務) 役員なし、従業員４人
カジマ・デベロップメント・ PTE・リミテッド ＊1	Singapore	千S$ 990,609	アジアにおける開発事業の統括	100 (100)	(当社との役員の兼務) 役員３人、従業員３人
パラマウント・プロパティーズ・ PTE・リミテッド	Singapore	千US$ 38,803	インドネシアにおける開発事業 の統括	100 (100)	(当社との役員の兼務) 役員１人、従業員２人
K・デベロップメント・ PTE・リミテッド	Singapore	千US$ 21,198	インドネシアにおける開発事業 の統括	100 (100)	(当社との役員の兼務) 役員１人、従業員２人
P.T.スナヤン・ トリカリヤ・センパナ	Jakarta Indonesia	千US$ 35,935	インドネシアにおける開発事業	90.0 (90.0)	(当社との役員の兼務) 役員なし、従業員２人
ラマランド・シンガポール・ PTE・リミテッド ＊1	Singapore	千THB 2,203,200	タイにおける開発事業の統括	100 (100)	(当社との役員の兼務) 役員１人、従業員２人
カジマ・デベロップメント・ ベトナム・PTE・リミテッド ＊1	Singapore	千US$ 105,040	ベトナムにおける開発事業 の統括	100 (100)	(当社との役員の兼務) 役員１人、従業員２人
KYP・インベストメント・ PTE・リミテッド ＊1	Singapore	千US$ 170,000	ミャンマーにおける開発事業 の統括	75.0 (75.0)	(当社との役員の兼務) 役員１人、従業員３人
カジマ・ミャンマー・ ホールディング・ PTE・リミテッド ＊1	Singapore	千US$ 169,900	ミャンマーにおける開発事業 の統括	100 (100)	(当社との役員の兼務) 役員１人、従業員２人
カジマ・ヤンキン・PPP・ カンパニー・リミテッド ＊1	Yangon Myanmar	千US$ 169,800	ミャンマーにおける開発事業	100 (100)	(当社との役員の兼務) 役員１人、従業員３人
セントラル・キャピタル・ ホールディングス・ PTE・リミテッド ＊1	Singapore	千S$ 118,030	シンガポールにおける開発事業	100 (100)	(当社との役員の兼務) 役員１人、従業員２人
カジマ・デザイン・アジア・ PTE・リミテッド	Singapore	千S$ 2,000	アジアにおける建設事業に係る 設計業務	100 (100)	(当社との役員の兼務) 役員２人、従業員３人
IFEMS・PTE・リミテッド	Singapore	千S$ 50	アジアにおけるエンジニア リング事業の統括	75.0 (75.0)	(当社との役員の兼務) 役員２人、従業員１人
カジマ・ベンチャーズ・ PTE・リミテッド	Singapore	千S$ 9,600	ベンチャー投資事業	100 (100)	(当社との役員の兼務) 役員１人、従業員２人

名称	住所	資本金又は出資金	主要な事業の内容	議決権の所有割合(%)	関係内容
カジマ オーストラリア ピー ティー ワイ リミテッド ＊1	Cremorne Australia	千AU$ 250,000	オーストラリア等における子会社の統括及び関係会社への投融資	100	(当社との役員の兼務) 役員２人、従業員４人
カジマ・コンストラクション・オーストラリア・PTY・リミテッド ＊1	Cremorne Australia	千AU$ 158,400	オーストラリア等における建設事業の統括	100 (100)	(当社との役員の兼務) 役員２人、従業員４人
カジマ・アイコン・ホールディングス・PTY・リミテッド	Cremorne Australia	千AU$ 33,500	オーストラリア等における建設事業	100 (100)	(当社との役員の兼務) 役員１人、従業員３人
カジマ・コクラム・インターナショナル・PTY・リミテッド	Cremorne Australia	千AU$ 10	中国・米国等における建設事業	100 (100)	(当社との役員の兼務) 役員１人、従業員３人
カジマ・デベロップメント・オーストラリア・PTY・リミテッド	Cremorne Australia	千AU$ 71,100	オーストラリア等における開発事業の統括	100 (100)	(当社との役員の兼務) 役員２人、従業員４人
アイコン・デベロップメンツ・オーストラリア・PTY・リミテッド	Cremorne Australia	千AU$ 41,401	オーストラリア等における開発事業	100 (100)	(当社との役員の兼務) 役員２人、従業員３人
中鹿營造股份有限公司	台北市	千NT$ 1,200,000	台湾における建設事業及び開発事業	100	(当社との役員の兼務) 役員２人、従業員２人
その他海外関係会社 81社	−	−	−	−	−

(2) 持分法適用関連会社

名称	住所	資本金又は出資金	主要な事業の内容	議決権の所有割合(%)	関係内容
(国内関係会社)					
㈱イー・アール・エス	東京都中央区	百万円 200	自然災害リスク・環境リスク解析・調査診断業務	50.0	当社が業務の一部を発注している。また、当社が建物を賃貸している。(当社との役員の兼務) 役員２人、従業員１人
東観光開発㈱	埼玉県東松山市	百万円 10	ゴルフ場経営	50.0	(当社との役員の兼務) 役員３人、従業員なし
かたばみ興業㈱ ＊4	東京都港区	百万円 100	造園工事、保険代理業等	16.3	当社グループの保険契約に係る代理・媒介業務を行っている。また、当社が建設工事を発注している。(当社との役員の兼務) 役員２人、従業員なし
その他国内関係会社 57社	−	−	−	−	−
(海外関係会社)					
その他海外関係会社 48社	−	−	−	−	−

(注) 1 議決権の所有割合の（ ）内は，間接所有割合で内数である。
2 関係内容の当社役員には執行役員を含んでいる。
3 ＊1：特定子会社に該当する。
4 ＊2：議決権の所有割合には，出資割合を記載している。
5 ＊3：議決権の所有割合は100分の50以下であるが，実質的に支配しているため子会社としている。
6 ＊4：議決権の所有割合は100分の20未満であるが，実質的に影響力を持っているため関連会社としている。
7 ＊5：債務超過会社。債務超過の金額は，24,182百万円である。
8 外貨については，次の略号で表示している。

8　外貨については，次の略号で表示している。

US$……米ドル	STG……英ポンド	CZK……チェコ コルナ
PLN……ポーランド ズロチ	EUR……ユーロ	S$……シンガポールドル
RM……マレーシアリンギット	RP……インドネシアルピア	PP……フィリピンペソ
THB……タイバーツ	INR……インドルピー	AU$……オーストラリアドル
NT$……台湾ドル		

5　従業員の状況

(1)　連結会社の状況

2023年3月31日現在

セグメントの名称	従業員数(人)
土木事業	2,451〔　599〕
建築事業	5,434〔1,364〕
開発事業等	244〔　45〕
国内関係会社	5,378〔1,559〕
海外関係会社	5,889〔　143〕
合計	19,396〔3,710〕

(注)　従業員数は就業人員数であり，臨時従業員数は〔　〕内に年間の平均人員を外数で記載している。なお，執行役員は従業員数には含めていない。

(2)　提出会社の状況

2023年3月31日現在

従業員数(人)	平均年齢(歳)	平均勤続年数(年)	平均年間給与(円)
8,129〔2,008〕	43.9	18.1	11,635,162

セグメントの名称	従業員数(人)
土木事業	2,451〔　599〕
建築事業	5,434〔1,364〕
開発事業等	244〔　45〕
合計	8,129〔2,008〕

(注) 1　従業員数は就業人員数であり，臨時従業員数は〔　〕内に年間の平均人員を外数で記載している。なお，執行役員は従業員数には含めていない。
2　出向，留学者等を含めた在籍者数は，8,532人である。

---

point　従業員の状況

主力セグメントや，これまで会社を支えてきたセグメントの人数が多い傾向があるのは当然のことだろう。上場している大企業であれば平均年齢は40歳前後だ。また労働組合の状況にページが割かれている場合がある。その情報を載せている背景として，労働組合の力が強く，人数を削減しにくい企業体質だということを意味している。

3　平均年間給与は，賞与及び基準外賃金を含んでいる。

(3)　労働組合の状況

鹿島建設社員組合と称し，1946年6月12日に結成され，2023年3月31日現在の組合員数は7,151人であり，結成以来円満に推移しており特記すべき事項はない。

事業の状況

1　経営方針，経営環境及び対処すべき課題等

当社グループにおける経営方針，経営環境及び対処すべき課題等は，以下のとおりである。なお，文中の将来に関する事項は，別段の記載がない限り当連結会計年度末現在において判断したものであり，また，様々な要素により異なる結果となる可能性がある。

(1)　会社の経営の基本方針

当社グループは，経営理念として「全社一体となって，科学的合理主義と人道主義に基づく創造的な進歩と発展を図り，社業の発展を通じて社会に貢献する。」ことを掲げ，さらに，企業経営の根幹を成す安全衛生・環境・品質に関する基本方針として「関係法令をはじめとする社会的な要求事項に対応できる適正で効果的なマネジメントシステムを確立・改善することにより，生産活動を効率的に推進するとともに，顧客や社会からの信頼に応える。」ことを定めている。

こうした方針に基づく取り組みを通して，より高い収益力と企業価値の向上を目指すとともに，社業の永続的発展により株主，顧客をはじめ広く関係者の負託に応え，将来に亘りより豊かな社会の実現に貢献していく。

(2)　ビジョン

当社グループを取り巻く経営環境は，近年，産業構造や人々の生活・行動，価値観の変容に加え，地球規模での気候変動と脱炭素化，デジタル化の進展などにより，急速に変化している。昨今の新型コロナウイルス感染症の拡大は，世界全体に著しい影響を及ぼし，社会・経済・技術の変化のスピードを加速させている。

こうした経営環境において，当社グループが持続的に成長するためには，多様な人材を呼び込み，外部リソースと連携しながら価値を共創することが重要と考えている。この認識のもと，当社グループが目指す方向性を広くグループ内外と共有するため，ビジョンを定めている。

ビジョンは，目指す方向性を文章で表現した「ステートメント」とそれを実現するうえで「大切にしたい価値観」から構成されており，過去に対する敬意と未

---

point　業績等の概要

この項目では今期の売上や営業利益などの業績がどうだったのか，収益が伸びたあるいは減少した理由は何か，そして伸ばすためにどんなことを行ったかということがセグメントごとに分かる。現在，会社がどのようなビジネスを行っているのか最も分かりやすい箇所だと言える。

来への挑戦という2つの意を込めている。また,大切にしたい価値観は,当社グループを木に見立て,いかに大きく成長させるかという視点に基づいている。

ビジョンステートメント

人の思いと技術を受け継ぎ
想像と感動をかたちにするために
新しい発想で挑戦しつづける

大切にしたい価値観

開放性

事業創出やR&Dに必要なリソースや刺激を
外部に求め、変化への適応力がある

多様性

多様な人材や働き方を重視し、尖った発想や
異なる価値観を認め合う受容力がある

主体性

イニシアチブを発揮し、新たな価値領域への
仕掛けをまとめ上げる構想力がある

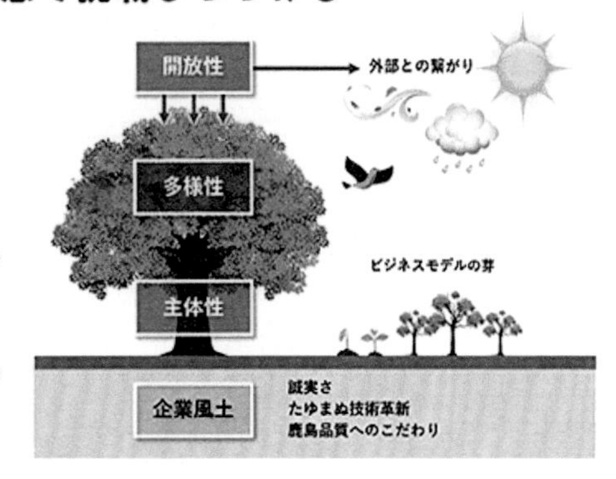

(3) 鹿島グループのマテリアリティ(重要課題)

当社グループは,SDGsをはじめとした社会課題と事業活動の関連を確認・整理したうえで,社会・環境への影響度が大きく,かつ当社グループの企業価値向上や事業継続における重要度が高い課題を抽出し,7つのマテリアリティを特定している。マテリアリティに取り組むことを通じて,社会課題解決と企業価値向上の両立を目指していく。

マテリアリティと関連するSDGs

		マテリアリティ、取組みの方向性（解説）	推進する具体的な取組み 顧客の事業を通じた貢献	推進する具体的な取組み 自社の事業を通じた貢献	関連するSDGs
社会	1	**新たなニーズに応える機能的な都市・地域・産業基盤の構築** 鹿島は、価値観・行動様式の変化に伴い多様化するニーズを捉え、建物・インフラの構築、まちづくり・産業基盤整備の分野において、先進的な価値を提案します。これまで培った経験と新たな技術を融合させて、住みやすさ・働きやすさ・ウェルネスなど機能性を実現します。	•快適で魅力ある空間の創造 •エンジニアリング技術による生産性・品質向上 •知的生産性・ウェルネス価値の向上 •スマートシティ・スマートソサエティの構築	•大規模複合再開発プロジェクト	3, 8, 11
社会	2	**長く使い続けられる社会インフラの追求** 鹿島は、建物・インフラの長寿命化をはじめ、改修・維持更新分野における技術開発を推進し、将来にわたり安心して使い続けられる優良な社会インフラの整備を担います。	•建造物の長寿命化技術 •インフラ維持・リニューアル技術 •施設・建物管理業務の高度化	•良質な開発事業資産の積上げ •インフラ運営・PPPへの参画	9, 11, 12
社会	3	**安全・安心を支える防災技術・サービスの提供** 鹿島は、災害に強い建物・インフラの建設や技術開発、発災時の迅速な復旧・復興のためのサービスを提供します。気候変動による影響も踏まえ、防災技術の高度化に努め、安心して暮らせる安全な社会を追求します。	•制震・免震技術の高度化 •気候変動を踏まえた強靭な建物・構造物の建設 •BCPソリューションの提案	•BCPを考慮したサプライチェーンの構築 •災害発生時の対応力強化	9, 11
環境	4	**脱炭素社会移行への積極的な貢献** 鹿島は、脱炭素社会への移行に積極的に貢献するため、工事中のCO_2排出量の削減、省エネ技術・環境配慮型材料の開発や再生可能エネルギー発電施設の建設及び開発・運営、グリーンビルディングの開発やエネルギーの効率的なマネジメントなどを推進します。また、「鹿島環境ビジョン：トリプルZero2050」に基づき、資源循環・自然共生にも取り組みます。	•ZEBなど省エネ建物の提供 •最適なエネルギーシステムの構築 •再生可能エネルギー施設の建設 •グリーンインフラの推進 •「トリプルZero2050」の達成	•工事中のCO_2排出量の削減 •グリーンビルディングの開発 •再生可能エネルギー発電事業 •環境配慮型材料の開発・活用	7, 12, 13, 14, 15

		マテリアリティ、取組みの方向性（解説）	事業継続の基盤	関連するSDGs
事業継続の基盤	5	**たゆまぬ技術革新と鹿島品質へのこだわり** 鹿島は、技術開発とDXを推進し、生産性・安全性の向上などにより持続可能な次世代の建設システムを構築するとともに、新たな価値の創出に挑戦します。また、建物・インフラをお客様に自信をもってお引き渡しするため、品質検査・保証の仕組みの不断の改善を図り、安心して建物・インフラや環境を利用いただくための品質を追求します。	•技術開発とDXの推進、生産性・安全性の向上と新たな価値の創出 •高品質で安全な建造物を担保する品質確認体制の徹底 •施工の機械化・自動化・ICT化 •「鹿島スマート生産ビジョン」	11, 12
事業継続の基盤	6	**人とパートナーシップを重視したものづくり** 鹿島は、建設現場の働き方改革、担い手確保の推進と、人材の確保・育成、様々な人が活躍できる魅力ある就労環境の整備を進めます。事業に係るパートナーとの価値共創と、外部との連携を活用したイノベーションの推進に取り組みます。	•労働安全衛生の確保 •働き方改革、担い手確保の推進 •重層下請構造の改革 •ダイバーシティを重視した人材育成・人材開発 •オープンイノベーションの活用	3, 4, 5, 8, 10, 17
事業継続の基盤	7	**企業倫理の実践** 鹿島は、コンプライアンスの徹底とリスク管理のための施策を通じて、公正で誠実な企業活動を推進します。グループの役員・社員一人ひとりが高い倫理感をもって行動するとともに、サプライチェーン全体を通じた取組みにより、お客様と社会からの信頼向上に努めます。	•コンプライアンスの徹底 •リスク管理体制とプロセス管理の強化 •適正なサプライチェーンマネジメント •人権の尊重	16

(4) 経営環境

当連結会計年度における世界経済は，多くの国や地域において新型コロナウイルス感染症対策としての各種制限が緩和され，社会・経済活動の正常化に向けた動きが進んだものの，ウクライナ情勢等の地政学的リスクの高まりや，欧米を中心とするインフレ及び金利上昇の影響により，成長のペースに鈍化や停滞が見られた。我が国経済については，感染症の動向に応じて，一進一退の状況が続いたが，感染症の景気への影響は弱まっており，サービス消費を中心に個人消費が持ち直すなど，緩やかな回復基調となった。

国内建設市場においては，公共投資が堅実に推移したことに加え，製造業，非製造業ともに企業の設備投資が着実に進み，建設需要は増加傾向となった。建設コストに関しては，資機材費が総じて高い価格水準に留まるとともに，労務費にも上昇の傾向が見られた。

今後の世界経済において，先行きに対する不透明感は依然として高い状況が続く見通しである。一方で，行動制限のない社会環境の定着による経済活性化に加え，脱炭素化などのサステナビリティ課題に対応する投資が更に拡大していくことが期待される。そのため，今後は，経済動向や社会的な要請・ニーズの変化を的確に見極めて，事業を推進していくことが重要であると考えている。

建設市場においては，国内における堅調な建設需要が当面は継続する見通しであり，デジタル化や次世代技術関連など中長期視点の建設投資は，国内・海外ともに増加している。資機材費や労務費などのコスト上昇に対応しつつ，良質な建設，開発関連サービスを提供すると同時に，持続可能な建設業の観点から，建設業従事者の処遇改善と働き方改革，並びに生産性向上の推進が求められている。

(5) 優先的に対処すべき事業上及び財務上の課題

＜「鹿島グループ中期経営計画（2021～2023）－未来につなぐ投資－」の推進＞

このような経営環境の中，2024年3月期を最終年度とする「鹿島グループ中期経営計画（2021～2023）－未来につなぐ投資－」を着実に推進し，業績向上と持続的な成長を図っている。

---

point 生産，受注及び販売の状況

生産高よりも販売高の金額の方が大きい場合は，作った分よりも売れていることを意味するので，景気が良い，あるいは会社のビジネスがうまくいっていると言えるケースが多い。逆に販売額の方が小さい場合は製品が売れなく，在庫が増えて景気が悪くなっていると言える場合がある。

中期経営計画の概要と取り組み状況については以下のとおりである。

① 中期経営計画の位置づけ

「鹿島グループ中期経営計画（2021～2023）－未来につなぐ投資－」は，「経営理念」に加え，「ビジョン」，「マテリアリティ（重要課題）」と結びついている。

経営理念	全社一体となって、 科学的合理主義と人道主義に基づく創造的な進歩と発展を図り、 社業の発展を通じて社会に貢献する
ビジョン 長期的に目指す姿	人の思いと技術を受け継ぎ 想像と感動をかたちにするために 新しい発想で挑戦しつづける
マテリアリティ 社会とともに持続的に成長し、企業価値を向上させるための重要課題	     
鹿島グループ 中期経営計画 (2021～2023)	中核事業の一層の強化 / 新たな価値創出への挑戦 / 成長・変革に向けた経営基盤整備とESG推進

② 計画全体像（2030年にありたい姿と主要施策）

「鹿島グループ中期経営計画（2021～2023）－未来につなぐ投資－」は，中長期的目標である「2030年にありたい姿」を念頭に置き，「①中核事業の一層の強化，②新たな価値創出への挑戦，③成長・変革に向けた経営基盤整備とESG推進」を３つの柱として，厳しい経営環境においても，業績を維持・向上させながら，中長期的な成長に向けた投資を実施し，当社グループの将来にわたる発展につなげる計画としている。

1. 中核事業の一層の強化	2. 新たな価値創出への挑戦	3. 成長・変革に向けた経営基盤整備とESG推進
2030年にありたい姿		
● ソフト・ハード、デジタル・リアルの技術の活用と、強固なバリューチェーンの構築により、持続的に成長している ● 「建設現場の工場化」や「サプライチェーン全体の見える化」により、合理的な生産体制を構築している	● 社会課題解決型ビジネスの有望分野で新たな収益源を獲得している ● オープンイノベーション推進体制が確立され、様々な新規ビジネスを創出している	● 「鹿島環境ビジョン：トリプルZero2050」に向けて「ターゲット2030」を達成している ● 安心・安全・快適で、全ての建設技能者が魅力を感じる現場となっている ● 多様な人材が集い、自由闊達な組織となっている ● 世界最先端の知と結びついたR&Dが事業をリードしている
2023年に向けた主要な施策		
① 成長領域を見据えた提案力・設計施工力・エンジニアリング力の強化 ② 次世代建設生産システムの進化 ③ バリューチェーンの拡充による顧客価値の最大化 ④ 開発事業への積極的投資継続による収益拡大 ⑤ グローバル・プラットフォームの構築・強化	① 社会課題解決型ビジネスの主体的推進 ② オープンイノベーションの推進による新ビジネスの探索・創出 ③ 未来社会を構想する機能の強化	① 「トリプルZero2050」の活動加速 ② 次世代の担い手確保、サプライチェーンの維持・強化 ③ 成長・変革を担う人づくり・仕組みづくり ④ R&D、DXの戦略的推進

③　主要施策の取り組み状況

1）中核事業の一層の強化

建設事業では，生産施設などの重点分野において，提案力，設計・エンジニアリング力強化の成果により，複数の大型工事を受注している。また，秋田県において大規模洋上風力発電施設を完成させ，知見やノウハウを獲得するなど，需要拡大が見込まれる領域における競争力の強化を図っている。加えて，自動化施工等の技術開発の推進や個々の人材が持つ「経験知」や「暗黙知」などを体系的にデジタル化することにより，生産性向上と業務効率化に注力している。

開発事業においては，国内外における開発物件の計画的な売却が業績に貢献している。今後もリスク管理を徹底しつつ，多様なアセットへの投資を進めると同時に，適時の売却により，効率性の高い投資サイクルを確立していく。建設技術と不動産開発ノウハウを掛け合わせた事業を国内外で展開することにより，建設バリューチェーンの上流から下流に至る全てのフェーズにおける機能と収益力を強化し，持続的な利益成長を目指している。

■当連結会計年度における成果，具体的取り組み

・「成瀬ダム堤体打設工事（秋田県）」において自動化施工技術「A4CSEL（クワッドアクセル）」の活用により，ダム工事におけるコンクリートの月間打設量として国内最高記録を樹立
・工期を短縮し，CO2排出量を削減する新解体工法「鹿島スラッシュカット工法」を開発，現場適用
・開発事業主，設計施工会社の両面から参画する「横浜市旧市庁舎街区活用事業」が着工
・国内の高級不動産開発事業に特化した子会社「イートンリアルエステート株式会社」を設立

2）新たな価値創出への挑戦

国内外においてM&Aや外部企業等とのコンソーシアムを活用し，環境，エネルギー分野など社会課題解決につながる取り組みを進めている。また，新たな技術の創出に向けて，ベンチャー企業との提携を推進した。

シンガポールでは，建設を進めていた「The GEAR」が完成した。日本や米国シリコンバレーなどとのグローバルネットワークの活用やオープンイノベーションにより，先進的技術の開発と新ビジネスの創出を推進する拠点としていく。

■当連結会計年度における成果，具体的取り組み

・ポーランドにおける再生可能エネルギー発電施設開発事業を推進（太陽光10件，風力2件）
・グリーンイノベーション基金事業のコンソーシアム「CUCO（クーコ）」によるカーボンネガティブコンクリートを用いた埋設型枠の実工事への適用
・異業種企業との連携による自動化施工システムの普及・展開を目的とする合弁会社を設立
・建設RXコンソーシアムの会員数が160社を超え，分科会設置など活動が本格化

3）成長・変革に向けた経営基盤整備とESG推進

---

point 対処すべき課題

有報のなかで最も重要であり注目すべき項目。今，事業のなかで何かしら問題があればそれに対してどんな対策があるのか，上手くいっている部分をどう伸ばしていくのかなどの重要なヒントを得ることができる。また今後の成長に向けた技術開発の方向性や，新規事業の戦略ついての理解を深めることができる。

持続的な成長を実現するためには，当社グループだけでなくサプライチェーン全体におけるコンプライアンスの徹底が重要であると認識し，法令遵守，社会的責任への適切な対応に加え，安全，環境，品質等に関する様々なリスクの管理を強化している。

強靭なサプライチェーンの構築に向けて，重層下請構造改革などを推進し，技能労働者の処遇改善と次世代の担い手確保を図っている。また，当社グループの国内外における事業展開を担う人材の確保のため，多様な人材が活躍できる職場環境を整備するとともに，実務体験型研修施設「鹿島テクニカルセンター」を開設するなど人材育成施設の拡充を進めている。

CO2排出量削減に関しては，自社排出及びサプライチェーン排出の双方で2050年度のカーボンニュートラル（100％削減）を目指す新たな目標を設定し，SBT（温室効果ガス排出削減目標に関する国際認証）認定を申請した。工事中のCO2排出量の削減，省エネ技術・環境配慮型材料の開発，エネルギーの効率的なマネジメントなどを積極的に推進していく。

■当連結会計年度における成果，具体的取り組み

・「サステナビリティ委員会」にて，環境，人材の多様性確保，次世代の担い手確保などに関する取り組み方針の検討・意思決定とモニタリングを実施
・2023年度も２年連続で従業員の賃金引上げを決定。株式インセンティブプランの導入を検討
・CO2排出量を見える化するプラットフォームを開発し，実工事における環境配慮型コンクリートの適用によるCO2排出削減量（181t）を算定し，国が認証するクレジットを取得
・ブルーカーボン（海洋生態系が吸収・貯蔵する炭素）の創出に寄与する大型海藻類の大量培養技術を確立

④　投資計画の進捗状況

３年間の中期経営計画期間中に，総額8,000億円の投資と開発事業における

---

point 事業等のリスク

「対処すべき課題」の次に重要な項目。新規参入により長期的に価格競争が激しくなり企業の体力が奪われるようなことがあるため，その事業がどの程度参入障壁が高く安定したビジネスなのかなど考えるきっかけになる。また，規制や法律，訴訟なども企業によっては大きな問題になる可能性があるため，注意深く読む必要がある。

3,600億円の売却による回収を計画している。当連結会計年度は総額3,730億円の投資と1,010億円の回収を行った。為替変動の影響等もあり，海外開発事業投資は計画を上回るペースとなっているが，これまでの投資が着実に利益貢献し始めている。また，開発事業における売却による回収は，国内，海外ともに2024年3月期に拡大する見通しである。投資の原資としては，建設・開発事業等により創出した資金に加え，有利子負債及び政策保有株式の売却による回収資金も活用し，効率性を重視した事業ポートフォリオの構築と資産構成の最適化を図っている。

	2022年３月期 投資実績	2023年３月期 投資実績	中期経営計画 投資総額
国内開発事業 （売却による回収）	510億円 （110億円）	580億円 （170億円）	1,900億円 （800億円）
海外開発事業 （売却による回収）	1,400億円 （940億円）	2,440億円 （840億円）	4,500億円 （2,800億円）
R&D・デジタル投資	180億円	180億円	550億円
戦略的投資枠	210億円	220億円	600億円
その他設備投資	200億円	310億円	450億円
合　計 ネット投資額	2,500億円 1,450億円	3,730億円 2,720億円	8,000億円 4,400億円

<市場評価に関する課題>

①　現状評価と課題

当社取締役会においては，かねて資本収益性や市場評価についての現状分析と評価を行っている。近年，ROEは継続して10%以上を達成し，資本コストを上回る資本収益性を確保しているが，株式市場から十分な評価を得られていない。当社グループの成長性を株式市場に適切に伝え，市場評価を向上させることが課題と認識している。

②　今後の取り組み

当社グループは，中期経営計画に基づき，持続的な成長に向けた施策や投資を推進しており，今後もこの取り組みを継続，強化していく。また，各事業における成長戦略の明確化に加え，環境問題への対応や人的資本などに関する情報開示を充実させ，投資家等との対話を積極的に実施することにより，市場評価の向上を図っていく。株主還元については，成長投資とのバランスを考慮しつつ，更なる充実を検討していく。

(6) 目標とする経営指標

「鹿島グループ中期経営計画（2021～2023）－未来につなぐ投資－」においては，最終年度である2024年３月期の経営目標を売上高２兆2,500億円程度，親会社株主に帰属する当期純利益950億円以上としている。また，2025年３月期から2027年３月期の期間においては，安定的に親会社株主に帰属する当期純利益1,000億円以上を計上できる体制を構築することを目指し，2031年３月期には1,300～1,500億円以上の水準を目指している。

経営目標	2024年３月期	2025年３月期から 2027年３月期まで	2031年３月期
連結売上高	２兆2,500億円 程度	－	－
親会社株主に帰属する 当期純利益	950億円 以上	安定的に1,000億円 以上	1,300～1,500億円 以上
ROE	10％を上回る水準		

2024年３月期の国内建設事業は，建設コスト上昇の影響には引き続き留意が必要であるものの，土木事業，建築事業ともに豊富な手持ち工事の施工が着実に進み，利益面においても，生産性向上や原価低減に向けた取り組みにより，竣工を迎える工事を中心に損益が改善していくことを見込んでいる。特に建築事業の売上総利益率が改善し，当連結会計年度の実績を上回ると見通している。また，国内開発事業では，複数物件の売却による売上，利益の増加を見込んでいる。海外事業については，東南アジアでは業績回復の動きが続く見通しである。米国や欧州においては，不透明な事業環境が続くと見込まれるが，リスク管理と必要な対策を徹底しつつ，着実に業績を確保していく方針である。

こうした見通しを反映した結果，2024年３月期の業績予想を，2023年５月15日に下記のとおり公表している。

	売上高	営業利益	経常利益	親会社株主に 帰属する 当期純利益
2024年３月期 連結業績予想（百万円）	2,480,000	142,000	150,000	105,000

中期経営計画の経営目標との比較において，売上高が計画を上回るのは，当社

---

point 財政状態，経営成績及びキャッシュ・フローの状況の分析

「事業等の概要」の内容などをこの項目で詳しく説明している場合があるため，この項目も非常に重要。自社が事業を行っている市場は今後も成長するのか，それは世界のどの地域なのか，今社会の流れはどうなっていて，それに対して売上を伸ばすために何をしているのか，収益を左右する費用はなにか，などとても有益な情報が多い。

建築事業に加え，海外関係会社の売上高が拡大したことが要因である。親会社株主に帰属する当期純利益については，厳しい受注競争が続き，資機材価格など建設コストが上昇する事業環境の中，国内建設事業における採算性を重視した受注活動と工期やコスト，品質に関わるリスク管理を徹底した施工体制により，売上総利益を維持向上させることができたこと，また，国内・海外開発事業において，従前から戦略的に推進してきた投資の成果が表れ始め，収益力が着実に高まったことにより，経営目標の達成を見込んでいる。

2　サステナビリティに関する考え方及び取組

当社グループのサステナビリティに関する考え方及び取組は，次のとおりである。

なお，文中の将来に関する事項は，当連結会計年度末現在において当社グループが判断したものである。

「全社一体となって，科学的合理主義と人道主義に基づく創造的な進歩と発展を図り，社業の発展を通じて社会に貢献する。」という経営理念のもと，SDGsをはじめとした社会・環境問題に対応し，持続的に成長できる企業グループを目指すことを，サステナビリティの基本的な考え方としている。また，社会課題と事業活動の関係を整理し，社会課題解決と当社グループの持続的成長を両立させるための「マテリアリティ（重要課題）」として7項目を特定している。（マテリアリティの詳細については，「1　経営方針，経営環境及び対処すべき課題等　(3)鹿島グループのマテリアリティ（重要課題）」に記載している。）

なお，毎年発行している統合報告書にて，サステナビリティについての取組み内容の詳細を記載している。

＜鹿島統合報告書＞https://www.kajima.co.jp/sustainability/report/index-j.html

(1)　サステナビリティ全般（ガバナンスとリスク管理）

2022年5月に，グループ全体のESG経営へのコミットメントを高め，企業価値を向上させることを目的として「サステナビリティ委員会」を新設し，環境関連（E）や人材の多様性確保，人権尊重，サプライチェーンマネジメント（S）など，サステナビリティに関する取組み方針の検討・意思決定とモニタリング，推進体制を明確化（G）している。

サステナビリティ委員会は，社長を委員長とし，委員は関係する執行役員などで構成され，サステナビリティに関する取組み方針の検討・意思決定とモニタリングの機能を担い，定期的に取締役会に報告している。サステナビリティ委員会での議論を踏まえ，当社内及び国内外のグループ会社と連携し，ESG経営の更なる推進を図っている。

サステナビリティ関連を含めたリスク管理については，社長が委員長を務める「コンプライアンス・リスク管理委員会」において，あらゆるリスクを網羅・検証した上で，重要度に応じた活動を推進している。（リスク管理の詳細については，「3 事業等のリスク」に記載している。）

サステナビリティ委員会

2022年度開催実績

開催回数：4回

取締役会報告回数：2回

主なテーマ：・CO2排出量削減目標の見直し
・人的資本，ダイバーシティ
・担い手（建設技能労働者）の確保

推進体制

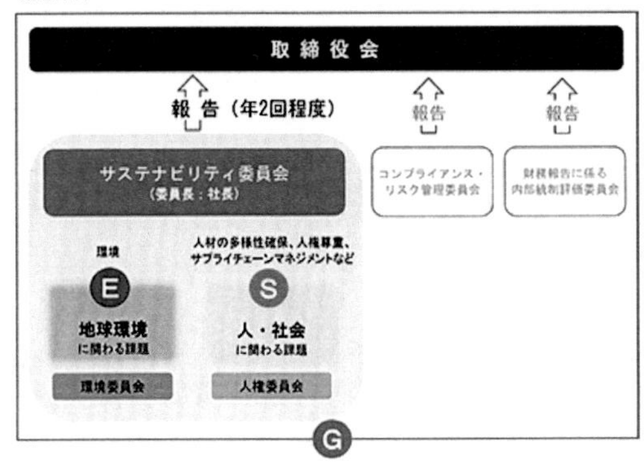

(2) 個別テーマ

① 人的資本

経営理念に謳っている「人道主義」に基づく家族的な社風が，伝統的に当社の競争力の源泉の一つであり，社員と会社が互いにWin-Winとなる企業風土を構築するうえでも重要と捉えている。

中期経営計画において，2030年にありたい姿として「多様な人材が集う自由闊達な組織」と定義するとともに，2023年度末に向け「成長・変革を担う人づくり・仕組みづくり」を推進することを掲げている。多様な人材を確保し，多様な働き方を支え，社員の挑戦を促す仕組みづくりを進めつつ，グループマネジメント体制の改善など，ガバナンス強化を積極的に図っている。

人材戦略の全体像

2030年にありたい姿　多様な人材が集う自由闊達な組織

中期経営計画(2021～2023)　成長・変革を担う人づくり・仕組みづくり

ともに
多様な人材が協力しつつ
切磋琢磨し合う仕組み

つよく
挑戦・成長し続ける自律的な個の確立、
人材の機動的な配置の促進

しなやかに
柔軟な働き方の推進などを通じた
高い生産性の達成

採用・人材確保
- ハイポテンシャル人材の着実な採用、高年齢社員の活用、新分野に精通した高度プロフェッショナル人材の確保

ダイバーシティ&インクルージョン
- 育児や介護など様々なライフイベントを迎えても安心して働ける職場環境の整備、制度の拡充

グループ経営基盤の整備
- グループを超えた機動的人材シフトに向けた情報基盤整備・ガバナンス強化

自律的な教育・人材開発への転換
- 社員の自律的なキャリア開発を促進させるため、タレントマネジメントシステムの活用、自主的な学習メニューの拡充
- マネージャー層の部下・後輩の育成・指導スキル、傾聴力強化

機動的な配置・異動
- 部門・種別・支店、グループ会社をまたぐ機動的な異動・人材交流の促進

働き方改革の推進
- 自律的かつ柔軟な働き方の推進(テレワーク、所属長裁量制の拡大)
- 2024年度の時間外労働の上限規制適用に向けた業務効率化・省力化の計画的推進

組織力と生産性の向上
- DX活用などによる、管理部門を中心とした業務効率化・生産性向上

当社グループにおける，人材の多様性の確保を含む人材の育成に関する方針，社内環境整備に関する方針，及び当該各方針に関する指標の内容並びに当該指標を用いた目標及び実績は，以下のとおりである。

<u>人材育成</u>

当社グループは，人と技術を軸に，社会と顧客の期待に応え続けることができる高度な専門人材と，その専門人材を束ねるマネジメント人材の育成に積極的に取り組んでいる。中期経営計画で掲げる「新たな価値創出への挑戦」を加速させ

---

point 設備投資等の概要

セグメントごとの設備投資額を公開している。多くの企業にとって設備投資は競争力向上・維持のために必要不可欠だ。企業は売上の数%など一定の水準を設定して毎年設備への投資を行う。半導体などのテクノロジー関連企業は装置産業であり，技術発展がスピードが速いため，常に多額の設備投資を行う宿命にある。

るため，社員一人ひとりが，高い専門性に加え，ビジネスやマネジメントの教養・スキルをバランスよく習得し，継続的に高めることができるように研修体系の構築を進めている。社員一人ひとりの成長が，当社グループの持続的な成長とビジネス領域の拡大に寄与する取組みを推進している。

ダイバーシティ＆インクルージョン

性別や国籍，宗教の違いや障がいの有無など多様なバックグラウンドと個性を持つ人材がその能力を最大限に発揮できる環境をつくることは，イノベーションを推進するうえで重要である。

近年は特に，様々なライフイベントを迎えても安心して働き，活躍し続けられるよう，育児フレックス制度の拡充など，仕事と育児の両立支援に向けた各種制度を充実させている。

当社は，新卒採用（総合職）における女性社員の比率を20％以上とすることを目標としており，2022年度は22.9％となっている。2014年に設定した女性管理職と女性技術者数を「2014年度から５年で倍増，10年で３倍増させる」という目標に対し，前者は2021年度に前倒しで達成，後者も順調に推移している。

（女性管理職・女性技術者数の推移）　各年度４月１日時点

年度	2014	2021	2022	2023	2024（目標）
女性管理職	54人	164人	189人	212人	162人
女性技術者	175人	414人	457人	490人	525人

また当社は，男性社員の育児休業・育児目的休暇取得について，2023～2025年度の間で合計取得率を50％以上とすることを目標とし，出生時育児休業（産後パパ育休）制度の新設や，育児休業の分割取得など，制度拡充を進めている。

（男性社員の育児休業・育児目的休暇取得率の推移）

年度	2020	2021	2022
男性社員の育児休業等取得率	40.3%	49.4%	64.3%

②　気候変動関連（TCFD提言に沿った開示）

「気候関連財務情報開示タスクフォース（TCFD）」提言への賛同を表明し，気候変動課題をグループの主要リスクとして管理するガバナンス体制を構築してい

---

point　主要な設備の状況

「設備投資等の概要」では各セグメントの1年間の設備投資金額のみの掲載だが，ここではより詳細に，現在セグメント別，または各子会社が保有している土地，建物，機械装置の金額が合計でどれくらいなのか知ることができる。

る。また，気候変動によるリスクと機会を特定したうえでその影響を明確化し，目標設定のもと取組みを強化している。

ガバナンス	気候変動への対応を含む環境に係る重要な方針や施策については、社長を委員長とする「サステナビリティ委員会」にて審議・決定する。その議論の内容を含めて、定期的に（年２回程度）取締役会に報告することとしており、特に重要な方針は取締役会に付議し、決定する。また、充実した議論と機動的なフォローを行うため、事業部門のトップや関連部署長をメンバーとする「環境委員会」を「サステナビリティ委員会」の下部専門委員会として設置している。 脱炭素に関する取組みは、中期経営計画（2021～2023）の重点施策に位置づけており、各部門の事業計画に組み込み実施するとともに、「サステナビリティ委員会」、「環境委員会」においてPDCAサイクルを回し、更なる改善や新たな取組みにつなげている。
戦略	建設業は、セメントや鉄など製造時に多くの温室効果ガス排出を伴う材料を使用すること、建物・構造物の運用年数が長く顧客（発注者）の温室効果ガス排出量に大きく影響を及ぼすといった特性があることを踏まえ、炭素価格や炭素排出量に関わる政策、ZEBや再生可能エネルギー関連工事市場、及び低炭素施工技術を関連性の高い移行リスク・機会として特定している。また、防災・減災への貢献など建設業の社会的使命、並びに屋外作業が多い特性から、気象パターンの変化や異常気象の激甚化並びに気温上昇による労働生産性への影響やそれに対応した労働法制を物理リスク・機会として特定している。 2021年３月に２℃シナリオの設定を1.5℃シナリオに見直し、2030年度における国内建設事業へのインパクトを試算した。
リスク管理	環境に関する影響を、環境委員会事務局である環境本部地球環境室が中心となり環境マネジメント部会をはじめ社内関連部署が組織横断的に評価し、最終的には環境委員会にてリスクと機会を審議・決定している。 また、気候変動関連リスクを含む全ての業務リスクについては、社長が委員長を務める「コンプライアンス・リスク管理委員会」において評価し、取締役会に年２回報告を行っている。加えて、災害時の事業継続計画（BCP）に基づく豪雨災害等を想定した実践的なBCP訓練を実施するなど、企業としての防災力、事業継続力の更なる向上に取り組んでいる。
指標と目標	2013年に環境への取組みの基本として、鹿島環境ビジョン「トリプルZero2050」を策定・公表し、あわせて「ターゲット2030」として、2030年度の定量的な到達点を示し具体的な目標を定めて活動を推進している。 CO_2排出削減については、2023年に目標を見直し、施工中に発生するCO_2排出量（スコープ１・２）を2021年度比で2030年度までに42％削減、さらに2050年度までに実質ゼロ、カーボンニュートラルにすることを目標としている。 上記環境ビジョンのもと、気候変動関連のリスク・機会の評価及び指標と目標を３年ごとに見直し、環境活動を管理している。「環境目標」は、中期経営計画と期間を同一にしており、企業価値の向上と環境課題の解決を統合的に実現することを目指している。

当社グループのCO2排出量（原単位）削減目標

	基準年	2030年度 目標	2050年度 目標
スコープ１・２	2021年度	42％削減	実質ゼロ
スコープ３		25％削減	実質ゼロ

当社グループのCO2排出量実績（2021年度）

		排出量実績
スコープ1・2	連結	42.1万t-CO_2（総量）
		20.3t-CO_2/億円（原単位）
	単体	19.1万t-CO_2（総量）
		15.3t-CO_2/億円（原単位）
スコープ3	連結	1,032.7万t-CO_2（総量）
	単体	674.9万t-CO_2（総量）

リスクと機会，対応策

＋：P/Lへの正の影響

－：P/Lへの負の影響

分類		リスク・機会の項目	2030年度P/Lへのインパクト 1.5℃シナリオ	4℃シナリオ	対応策
移行リスク	政策	炭素税によるコスト増加	－－－		① 施工中CO_2排出量削減活動の推進 ② 低炭素建材の開発、導入促進 ③ 再生可能エネルギー電力の確保
		増税による建設市場縮小	－		
		CO_2排出枠による事業の制限	－		
	市場	エネルギーミックス変化（化石燃料減少）	－		① エネルギーミックスを踏まえた注力分野選択 ② 再生可能エネルギー施設の設計・施工技術開発 ③ ZEBの快適性の追求
		再生可能エネルギー関連需要増加	＋＋	＋＋	
		ZEB市場拡大	＋＋	＋	
物理リスク	慢性	気温上昇による労働条件への影響	－	－－	① 省人化施工技術の開発
	急性	防災・減災、国土強靭化	＋＋	＋＋	① 防災・減災、BCPに関連する技術開発の推進 ② 独自の知見を加えたハザードマップの整備・活用 ③ 国土強靭化、建物・構造物強靭化に資する工事の施工
		災害危険エリアからの移転		－＋	

3 事業等のリスク

1 リスク管理体制

当社グループは，事業遂行上のリスクの発生を防止，低減するための活動を推進している。新規事業，開発投資などの「事業リスク」に関しては，専門委員会

---

point 設備の新設，除却等の計画

ここでは今後，会社がどの程度の設備投資を計画しているか知ることができる。毎期どれくらいの設備投資を行っているか確認すると，技術等での競争力維持に積極的な姿勢かどうか，どのセグメントを重要視しているか分かる。また景気が悪化したときは設備投資額を減らす傾向にある。

等が事業に係るリスクの把握と対策について審議を行っている。法令違反などの「業務リスク」に関しては，コンプライアンス・リスク管理委員会が当社グループにおけるリスク管理体制の運用状況の把握，評価を行うとともに，リスク管理の方針及び重大リスク事案への対応などについて審議を行い，必要に応じて取締役会に報告している。

リスク管理活動の実効性を高めるためには，あらゆるリスクを網羅・検証した上で，重要度に応じた活動を推進することが有効であることから，毎年，発生頻度及び顕在化した際の影響度の両面から分析し，企業活動上，重点的な管理が必要とされる業務リスク事項をリスク管理重点課題として選定・展開し，予防的観点からのリスク管理を実施している。顕在化したリスク事案については，早期の報告を義務付け，組織的対応によるリスクの拡大防止と再発防止に努めるなど，PDCAサイクルに基づいた実効的なリスク管理活動を展開している。

本社のリスク所管部署の担当者によって構成するリスク管理連絡会議を定期的に開催し，当社グループに関するリスク顕在化事案や法令改正，社会動向，他社における事例，さらにはリスクマネジメントやリスクコミュニケーションの手法などの情報を報告・共有し，重要な情報については適宜コンプライアンス・リスク管理委員会に報告している。

リスク管理体制図

リスク管理体制図

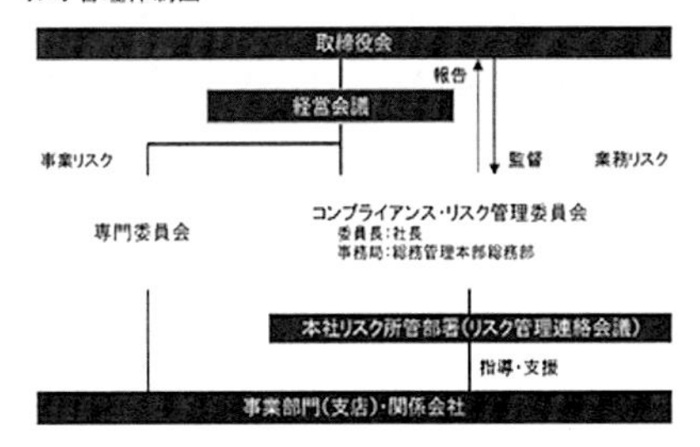

---

point 株式の総数等

発行可能株式総数とは，会社が発行することができる株式の総数のことを指す。役員会では，株主総会の了承を得ないで，必要に応じてその株数まで，株を発行することができる。敵対的TOBでは，経営陣が，自社をサポートしてくれる側に，新株を第三者割り当てで発行して，買収を防止することがある。

事業リスクの把握と対策を審議する専門委員会

委員会名称	目的等
海外事業運営委員会	海外事業（現地法人事業並びに直轄事業）に係る重要事項などの審議・報告を行う。
海外開発プロジェクト運営委員会	現地法人及び海外事業本部の重要な開発事業の投資及び計画の大幅な変更並びに当該開発事業の譲渡について、計画の内容、採算性などの審議・報告を行う。
海外土木工事検討会 海外建築工事検討会	海外の重要工事について、受注時の技術上、施工上、契約上のリスクの検討・報告、及び施工中の工事について重大な問題が生じる恐れのある場合の対策の検討・報告を行う。
開発運営委員会	国内開発事業への投資、手持ち重要不動産の事業化・売却及び事業推進中のプロジェクトについて審議・報告を行う。
重要工事検討会	国内の重要工事について見積提出前に技術上、施工上、契約上のリスクの確認を行い、見積提出にあたっての方針を明確にする。
PFI土木委員会 PFI建築委員会	PFI事業などに係る全社的対応方針及び対応体制、出資などの事業リスクを伴う個々の案件及び企業コンソーシアム形成に係る対応方針などについて審議・報告を行う。
事業投資等委員会	上記以外の新規投資、会社設立、M&A、アライアンスなどの事業について、リスク・課題を洗い出し審議を行い、その推進を支援する。

2　主要なリスク

有価証券報告書に記載した事業の状況，経理の状況等に関する事項のうち，経営者が連結会社の財政状態，経営成績及びキャッシュ・フローの状況に重要な影響を与える可能性があると認識している主要なリスクは，以下のとおりである。

なお，文中における将来に関する事項については，当連結会計年度末現在において判断したものである。

当社グループにおいては，これらの事業を取り巻く様々なリスクや不確定要因等に対して，その予防や分散，リスクヘッジ等を実施することにより，企業活動への影響について最大限の軽減を図っている。

(1)　事業リスク

①　事業環境の変化に関わるリスク

景気悪化等による建設需要の大幅な減少や不動産市場の急激な縮小等，建設事業・開発事業等に係る著しい環境変化が生じた場合には，建設受注高の減少及び不動産販売・賃貸収入の減少等の影響を受ける可能性がある。

また，他の総合建設会社等との競争が激化し，当社グループが品質，コスト及びサービス内容等における競争力を維持できない場合，業績等が悪化する可能性がある。変化する状況や市場動向を踏まえ策定した「鹿島グループ中期経営計画

---

point　連結財務諸表等

ここでは主に財務諸表の作成方法についての説明が書かれている。企業は大蔵省が定めた規則に従って財務諸表を作るよう義務付けられている。また金融商品法に従い，作成した財務諸表がどの監査法人によって監査を受けているかも明記されている。

(2021～2023) －未来につなぐ投資－」に掲げる諸施策を推進することにより，経営目標の達成と企業価値の向上を目指している。

② **建設コストの変動リスク**

建設工事においては，工事期間が長期に亘る中で資機材及び労務の調達を行う必要があることから，建設コストの変動の影響を受ける。主要資材価格や労務単価の急激な上昇等による想定外の建設コスト増加を請負契約工事金額に反映させることができない場合には，工事採算が悪化する可能性がある。

建設コストの変動による影響を抑えるため，早期調達及び多様な調達先の確保を図るとともに，発注者との契約に物価スライド条項を含める等の対策を実施している。

③ **保有資産の価格・収益性の変動リスク**

当社グループは，中期経営計画に定めた投資計画に基づき不動産開発投資，R&D・デジタル投資及び戦略的投資等を推進している。販売用不動産（当連結会計年度末の連結貸借対照表残高1,447億円）の収益性が低下した場合，賃貸等不動産（同2,523億円）及び投資有価証券（同3,561億円）等の保有資産の時価が著しく下落した場合には，評価損や減損損失等が発生する可能性がある。

開発事業資産については，案件毎に価値下落リスク等を把握し，その総量を連結自己資本と対比し一定の水準に収める管理を実施している。連結自己資本は，中期経営計画期間中の国内外開発事業資産の増加を考慮しても十分耐性を持つ財務基盤を維持できる水準を確保している。また，個別案件の投資に当たっては，本社の専門委員会（開発運営委員会，海外開発プロジェクト運営委員会）等においてリスクの把握と対策を審議した上で，基準に則り取締役会や経営会議において審議している。

投資有価証券のうち政策的に保有する株式は，毎年度，全銘柄について，中長期的な視野に立った保有意義や資産効率等を検証した上で，取締役会にて審議し，保有意義の低下した銘柄は原則として売却している。中期経営計画期間においては，政策保有株式を300億円以上売却する方針としている。

④ **諸外国における政治・経済情勢等の変化に関わるリスク**

当社グループは，北米・欧州・アジア・大洋州等海外における建設事業及び開

---

point 連結財務諸表

ここでは貸借対照表（またはバランスシート，BS），損益計算書（PL），キャッシュフロー計算書の詳細を調べることができる。あまり会計に詳しくない場合は，最低限，損益計算書の売上と営業利益を見ておけばよい。可能ならば，その数字が過去5年，10年の間にどのように変化しているか調べると会社への理解が深まるだろう。

発事業を展開しており，中期経営計画に基づき，人材面での更なるローカル化，業務・資本提携による各国事業基盤の拡充等を推進していく方針である。進出国の政治・経済情勢，法制度，為替相場等に著しい変化が生じた場合には，業績等に影響を及ぼす可能性がある。

海外におけるM&Aや新市場への進出等に当たっては，本社の専門委員会（海外事業運営委員会）等においてリスクの把握と対策を審議した上で，基準に則り取締役会や経営会議において審議している。また，テロ，暴動等が発生した場合に，社員・家族の安否確保を図り，現地支援を行うため，国際危機対策委員会を設置している。

⑤　建設業の担い手不足に関するリスク

建設業界においては，建設技能労働者が減少傾向にあり，十分な対策を取らなければ，施工体制の維持が困難になり，売上高の減少や労務調達コストの上昇による工事利益率の低下等の影響を受ける可能性がある。

当社グループは，将来の施工体制を維持するため，中期経営計画に基づき，生産性向上による更なる業務効率化を推進し，工期を遵守しつつ現場の「4週8閉所」に挑戦し労働条件の改善を図るとともに，原則二次下請までに限定した施工体制の実現をはじめとした環境整備，技能労働者の処遇改善と収入の安定等，職業としての魅力向上に向けた各種施策を実施している。併せて，技能労働者の処遇改善に繋がる協力会社への支援策を実施している。また，担い手不足を補うため，自動化，省人化・ロボット化技術の開発を計画的に進めている。

(2)　業務リスク

①　法令リスク

当社グループは，建設業法，建築基準法をはじめ，労働安全衛生関係法令，環境関係法令，独占禁止法等，様々な法的規制の中で事業活動を行っている。そのため，法令等の改正や新たな法的規制の制定，適用基準の変更等があった場合，その内容次第では受注環境やコストへの影響等により，業績等に影響を及ぼす可能性がある。また，当社グループにおいて法令等に違反する行為があった場合には，刑事・行政処分等による損失発生や事業上の制約，信用の毀損等の発生により，業績等に影響を及ぼす可能性がある。

これらのリスクへの対応として，関係法令等の制定・改正については，担当部署を通じてその内容を周知し必要な対応を実施している。例えば，2024年4月から建設業に時間外労働の上限規制が適用されることについては，働き方改革，デジタル化による業務効率化や質の向上，業務内容に応じた集約化，アウトソーシングなどを進めるとともに，人員配置など施工体制の十分な検討と必要な工期を考慮した見積の提出に努めている。

また，コンプライアンス・マニュアルである「鹿島グループ企業行動規範実践の手引き」を策定，法令等の改正や社会情勢の変化も踏まえ適宜改訂し，全役員・従業員に周知している。加えて，コンプライアンス意識の更なる向上と定着を図るため，当社グループの役員及び従業員を対象としたeラーニングを用いた「鹿島グループ企業行動規範」に関する研修を継続的に実施しているほか，各分野の担当部署が，規則・ガイドラインの策定，研修，監査等を実施し，適正な事業活動のより一層の推進を図っている。

② 安全衛生・環境・品質リスク

当社グループが提供する設計，施工をはじめとする各種サービスにおいて，重大な人身事故，環境事故，品質事故等が発生した場合には，信用の毀損，損害賠償や施工遅延・再施工費用等の発生により，業績等に影響を及ぼす可能性がある。

安全衛生・環境・品質の確保は生産活動を支える前提条件であり企業存続の根幹であることから，基本方針並びに安全衛生方針，環境方針，品質方針を定め，関係法令をはじめとする社会的な要求事項に対応できる適正で効果的なマネジメントシステムにより生産活動を行っている。安全を実現するため「建設業労働安全衛生マネジメントシステム（COHSMS）」に準拠した安全衛生管理を行うとともに，環境については，ISO 14001に準拠した環境マネジメントシステムを運用している。また，品質については，土木部門・建築部門それぞれでISO 9001の認証を受けており，海外関係会社は個々に必要な認証を受けている。

③ 情報セキュリティリスク

当社グループは設計，施工をはじめとする各種サービスを提供するにあたり，建造物や顧客に関する情報，経営・技術・知的財産に関する情報，個人情報その他様々な情報を取り扱っている。このような情報が外部からの攻撃や従業員の過失等によって漏洩又は消失等した場合は，信用の毀損，損害賠償や復旧費用等の発生により，業績等に影響を及ぼす可能性がある。

これらのリスクに対応するため，当社グループでは情報セキュリティポリシーを定め，重点的なリスク管理を実施している。サイバー攻撃を想定した訓練を実施し組織的な対応力向上に取り組んでいるほか，当社グループの役員及び従業員を対象としたeラーニングを用いた教育，点検及び監査並びに協力会社に対する啓発活動を行っている。

④　**取引先の信用リスク**

発注者，協力会社等の取引先が信用不安に陥った場合には，工事代金の回収不能や施工遅延等により，業績等に影響を及ぼす可能性がある。特に，一契約の金額の大きい工事における工事代金が回収不能になった場合，その影響は大きい。

新規の営業案件に取り組むに当たっては，企業者の与信，資金計画並びに支払条件などを検証し，工事代金回収不能リスクの回避を図り対応している。新たな契約形態や工事代金の回収が竣工引き渡し後まで残る不利な支払条件を提示された場合等には，本社が関与しリスクの把握と対策を講じるとともに，基準に則り経営会議において審議している。

協力会社と新たに取引を開始する際には，原則として財務状況等を審査したうえで工事下請負基本契約を締結している。また，重要な協力会社に対しては，定期的に訪問し財務状況を含めた経営状況の確認を実施している。

⑤　**ハザードリスク（自然災害，パンデミックなど）**

大規模地震，風水害等の大規模自然災害が発生した場合には，施工中工事への被害や施工遅延，自社所有建物への被害などにより，業績等に影響を及ぼす可能性がある。

災害時の事業継続計画（BCP）を策定しており，首都直下地震や豪雨災害等を想定した実践的なBCP訓練を実施するなど，企業としての防災力，事業継続力の更なる向上に取り組んでいる。

パンデミック（感染症の大流行等）が発生した場合には，景気悪化による建設受注高の減少や工事中断による売上高の減少等，業績等に影響を及ぼす可能性がある。

新型コロナウイルス感染症に対しては，感染予防と感染拡大防止を最優先としつつ，事業継続と被害最小化を図るため，情報収集とリスク想定を行い，国内外従業員や協力会社に対して必要な対策を指導している。

2023年度リスク管理重点課題（業務リスク）

リスク分類	リスク管理重点課題
法令リスク	談合防止に向けた取り組みの継続 コンプライアンス意識の徹底 不正取引・不適切会計の防止
安全衛生・環境・品質リスク	墜落・クレーン災害の防止と危険感受性の向上 労働時間管理徹底による三六協定の遵守と心身の健康維持 品質・施工トラブルの発生防止
情報セキュリティリスク	顧客及び社内の機密情報の漏洩防止 サイバー攻撃に対する事業継続力の維持強化
ハザードリスク	ハザードリスクへの備えと事業継続力の維持強化

（3） 気候変動リスク

① 気候変動に伴う物理的リスク及び脱炭素社会への移行リスク

気候変動に伴う物理的リスクとしては，台風や洪水等による施工中工事への被害や施工遅延，自社所有建物への被害等により，業績等に影響を及ぼす可能性がある。

災害時の事業継続計画（BCP）を策定し豪雨災害等を想定した実践的なBCP訓練の実施等により企業としての防災力，事業継続力の向上に取り組むことに加え，防災・減災及びBCP分野におけるR&Dを推進することにより，社会・顧客に対し関連サービスを提供するとともに，災害発生時には復旧・復興等に貢献することを目指している。

脱炭素社会への移行リスクとしては，温室効果ガス排出量の上限規制による施工量の制限や炭素税の導入によるコスト増等により，業績等に影響を及ぼす可能性がある。

中期経営計画及び「鹿島環境ビジョン：トリプルZero2050」に基づき，建設現場等におけるCO2排出量削減とカーボン・オフセットのための投資に計画的に取り組むことに加え，再生可能エネルギー，省エネルギー関連分野等における保有技術の活用や新たな技術の開発等により，脱炭素社会への移行に対し事業を通じて貢献することを目指している。（気候変動リスクの詳細については，「2　サステナビリティに関する考え方及び取組　(2) 個別テーマ　②気候変動関連（TCFD提言に沿った開示）」に記載している。）

4　経営者による財政状態，経営成績及びキャッシュ・フローの状況の分析

（1）　経営成績等の状況の概要

当連結会計年度における当社グループの財政状態，経営成績及びキャッシュ・フローの状況の概要は次のとおりである。

①　経営成績の状況

売上高は，当社建設事業売上高及び海外関係会社売上高の増加を主因に，前連結会計年度比15.0％増の2兆3,915億円（前連結会計年度は2兆796億円）となった。

利益については，当社建設事業や国内関係会社，海外関係会社における売上総利益の増加が，研究開発費などの販管費増加を補い，営業利益は前連結会計年度比0.1％増の1,235億円（前連結会計年度は1,233億円）となった。経常利益は，営業外収益の増加等により同3.0％増の1,567億円（同1,521億円）となり，親会社株主に帰属する当期純利益は，特別損益が改善したことから，同7.6％増の1,117億円（同1,038億円）となった。なお，当連結会計年度において政策保有株式を売却（17銘柄100億円）しており，投資有価証券売却益などを特別利益に計上している。

セグメントごとの経営成績は次のとおりである。（セグメントの経営成績については，セグメント間の内部売上高又は振替高を含めて記載している。）

a　土木事業

（当社における建設事業のうち土木工事に関する事業）

売上高は，大型工事を中心に施工が着実に進捗したことから，前連結会計年度比11.0％増の3,016億円（前連結会計年度は2,718億円）となった。営業利益は，

売上高増加に加え，売上総利益率が向上したことから，前連結会計年度比48.9％増の293億円（前連結会計年度は196億円）となった。

b　建築事業

（当社における建設事業のうち建築工事に関する事業）

売上高は，当期受注工事を含め大型工事の施工が順調であったことから，前連結会計年度比18.0％増の1兆862億円（前連結会計年度は9,206億円）となった。営業利益は，売上高増加の効果があったものの，資機材価格上昇の影響等により売上総利益率が前連結会計年度と比べ低下したことを主因に，前連結会計年度比6.8％減の466億円（前連結会計年度は501億円）となった。

c　開発事業等

（当社における不動産開発全般に関する事業及び意匠・構造設計，その他設計，エンジニアリング全般の事業）

不動産賃貸事業は堅調であったものの，当連結会計年度は不動産販売案件が少なかったことを主因に，売上高は前連結会計年度比14.2％減の449億円（前連結会計年度は524億円），営業利益は同36.3％減の71億円（同112億円）となった。なお，国内開発事業資産（固定資産）等を計画的に売却しており，固定資産売却益49億円を特別利益に計上している。

d　国内関係会社

（当社の国内関係会社が行っている事業であり，主に日本国内における建設資機材の販売，専門工事の請負，総合リース業，ビル賃貸事業等）

建設事業，開発事業等ともに売上高及び売上総利益が増加し，売上高は前連結会計年度比11.5％増の3,526億円（前連結会計年度は3,161億円）となり，営業利益は同6.9％増の174億円（同162億円）となった。

e　海外関係会社

（当社の海外関係会社が行っている事業であり，北米，欧州，アジア，大洋州などの海外地域における建設事業，開発事業等）

売上高は，為替変動の影響もあり全ての地域において増加し，前連結会計年度比18.5％増の7,392億円（前連結会計年度は6,239億円）となった。

営業利益は，建設事業，開発事業等ともに堅調に推移したものの，北米や欧州において高い水準であった前連結会計年度実績を下回り，前連結会計年度比14.1％減の227億円（前連結会計年度は264億円）となった。

② 財政状態の状況

当連結会計年度末の資産合計は，前連結会計年度末比4,319億円増加し，2兆7,697億円（前連結会計年度末は2兆3,377億円）となった。これは，受取手形・完成工事未収入金等の増加1,730億円，棚卸資産（販売用不動産，未成工事支出金，開発事業支出金及びその他の棚卸資産）の増加1,583億円及び有形固定資産の増加509億円があったこと等によるものである。

負債合計は，前連結会計年度末比3,243億円増加し，1兆7,085億円（前連結会計年度末は1兆3,841億円）となった。これは，有利子負債残高※の増加1,778億円，支払手形・工事未払金等の増加1,019億円及び未成工事受入金の増加257億円があったこと等によるものである。なお，有利子負債残高は，5,377億円（前連結会計年度末は3,599億円）となった。

純資産合計は，株主資本8,814億円，その他の包括利益累計額1,710億円，非支配株主持分87億円を合わせて，前連結会計年度末比1,075億円増加の1兆611億円（前連結会計年度末は9,535億円）となった。

また，自己資本比率は，前連結会計年度末比2.5ポイント悪化し，38.0％（前連結会計年度末は40.5％）となった。

（注）※短期借入金，コマーシャル・ペーパー，社債（1年内償還予定の社債を含む）及び長期借入金の合計額

③ キャッシュ・フローの状況

当連結会計年度における営業活動によるキャッシュ・フローは，291億円の支出超過（前連結会計年度は302億円の収入超過）となった。これは，税金等調整前当期純利益1,672億円に減価償却費247億円等の調整を加味した収入に加えて，仕入債務の増加879億円及び未成工事受入金及び開発事業等受入金の増加230億円の収入があった一方で，売上債権の増加1,546億円，棚卸資産（販売用不動産，未成工事支出金，開発事業支出金及びその他の棚卸資産）の増加1,406億円及び法人税等の支払額543億円の支出があったこと等によるものである。

投資活動によるキャッシュ・フローは，817億円の支出超過（前連結会計年度

は511億円の支出超過）となった。これは，有形固定資産の取得による支出607億円，貸付けによる支出276億円，投資有価証券の取得による支出222億円及び無形固定資産の取得による支出162億円があった一方で，投資有価証券の売却等による収入260億円及び有形固定資産の売却による収入118億円があったこと等によるものである。

財務活動によるキャッシュ・フローは，短期借入金，長期借入金，コマーシャル・ペーパー及び社債による資金調達と返済の収支が1,574億円の収入超過となった一方で，配当金の支払額295億円及び自己株式の取得による支出100億円があったこと等により，1,118億円の収入超過（前連結会計年度は209億円の支出超過）となった。

これらにより，当連結会計年度末の現金及び現金同等物の残高は，前連結会計年度末から145億円増加し，2,822億円（前連結会計年度末は2,677億円）となった。

④ 生産，受注及び販売の実績

当社グループでは生産実績を定義することが困難であるため，また，受注高について当社グループ各社の受注概念が異なるため，「生産の実績」及び「受注の実績」は記載していない。

売上実績

セグメントの名称		前連結会計年度 （自 2021年4月1日 至 2022年3月31日）	当連結会計年度 （自 2022年4月1日 至 2023年3月31日）	増減（△）率 （%）
土木事業	（百万円）	271,839（ 13.1%）	301,622（ 12.6%）	11.0
建築事業	（百万円）	915,217（ 44.0%）	1,073,733（ 44.9%）	17.3
開発事業等	（百万円）	48,306（ 2.3%）	41,163（ 1.7%）	△14.8
国内関係会社	（百万円）	221,188（ 10.6%）	236,790（ 9.9%）	7.1
海外関係会社	（百万円）	623,143（ 30.0%）	738,268（ 30.9%）	18.5
合計	（百万円）	2,079,695（ 100 %）	2,391,579（ 100 %）	15.0

（注）1　売上実績においては，「外部顧客への売上高」について記載している。
2　前連結会計年度及び当連結会計年度ともに売上高総額に対する割合が100分の10以上の相手先はない。

〔参考〕提出会社単独の受注高及び売上高の状況

a　受注高，売上高及び繰越高

期別	種類別		期首繰越高（百万円）	当期受注高（百万円）	計（百万円）	当期売上高（百万円）	期末繰越高（百万円）
前事業年度（自 2021年4月1日 至 2022年3月31日）	建設事業	建築工事	1,236,545	882,275	2,118,821	920,671	1,198,149
		土木工事	562,268	268,559	830,827	271,839	558,987
		計	1,798,813	1,150,835	2,949,648	1,192,511	1,757,137
	開発事業等		18,424	62,606	81,030	52,412	28,618
	合計		1,817,237	1,213,441	3,030,679	1,244,923	1,785,755
当事業年度（自 2022年4月1日 至 2023年3月31日）	建設事業	建築工事	1,198,149	1,102,857	2,301,006	1,086,206	1,214,800
		土木工事	558,987	386,491	945,479	301,622	643,856
		計	1,757,137	1,489,349	3,246,486	1,387,828	1,858,657
	開発事業等		28,618	46,363	74,981	44,945	30,035
	合計		1,785,755	1,535,712	3,321,468	1,432,774	1,888,693

（注）1　前事業年度以前に受注したもので，契約の更改により請負金額に変更があるものについては，当期受注高にその増減額を含む。したがって，当期売上高にもかかる増減額が含まれる。

2　期末繰越高は，（期首繰越高＋当期受注高－当期売上高）である。

3　「収益認識に関する会計基準」（企業会計基準第29号　2020年3月31日）等を当事業年度の期首から適用しており，当事業年度の期首繰越高については，当該会計基準等を適用した後の数値となっている。

b　受注工事高

期別	区分	国内		海外	計
		官公庁（百万円）	民間（百万円）	（百万円）	（百万円）
前事業年度（自 2021年4月1日 至 2022年3月31日）	建築工事	50,020	832,255	－	882,275
	土木工事	154,190	104,000	10,368	268,559
	計	204,210	936,255	10,368	1,150,835
当事業年度（自 2022年4月1日 至 2023年3月31日）	建築工事	50,944	1,051,912	－	1,102,857
	土木工事	266,574	118,456	1,461	386,491
	計	317,518	1,170,368	1,461	1,489,349

c　受注工事高の受注方法別比率

建設工事の受注方法は，特命と競争に大別される。

期別	区分	特命(%)	競争(%)	計(%)
前事業年度 (自　2021年４月１日 至　2022年３月31日)	建築工事	44.6	55.4	100
	土木工事	20.0	80.0	100
当事業年度 (自　2022年４月１日 至　2023年３月31日)	建築工事	45.1	54.9	100
	土木工事	20.5	79.5	100

(注)　百分比は請負金額比である。

d　完成工事高

期別	区分	国内		海外	計
		官公庁 (百万円)	民間 (百万円)	(百万円)	(百万円)
前事業年度 (自　2021年４月１日 至　2022年３月31日)	建築工事	50,061	870,610	−	920,671
	土木工事	145,955	125,668	215	271,839
	計	196,017	996,278	215	1,192,511
当事業年度 (自　2022年４月１日 至　2023年３月31日)	建築工事	39,401	1,046,804	−	1,086,206
	土木工事	161,377	139,241	1,004	301,622
	計	200,779	1,186,045	1,004	1,387,828

(注) 1　前事業年度及び当事業年度ともに完成工事高総額に対する割合が100分の10以上の相手先はない。

2　当事業年度の完成工事のうち主なものは，次のとおりである。

発注者	工事名称
○　中外製薬㈱	中外ライフサイエンスパーク横浜建設工事
○　キオクシア㈱	キオクシア四日市工場 新製造棟(Y7棟)
○　秋田洋上風力発電㈱	秋田港・能代港洋上風力発電施設建設工事
○　(同)ＫＲＦ４８	横浜コネクトスクエア
○　阪神高速道路㈱	大和川線常磐工区開削トンネル
○　岩木特定目的会社	プロロジスパークつくば３プロジェクト
○　(学)芝浦工業大学	芝浦工業大学 豊洲キャンパス本部棟
○　(同)ノーヴェグランデ	九段会館テラス

e　繰越工事高(2023年３月31日現在)

区分	国内		海外	計
	官公庁 (百万円)	民間 (百万円)	(百万円)	(百万円)
建築工事	74,334	1,140,465	−	1,214,800
土木工事	439,019	193,130	11,706	643,856
計	513,354	1,333,596	11,706	1,858,657

(注)　繰越工事のうち主なものは，次のとおりである。

発注者	工事名称
○ 森ビル㈱	虎ノ門一・二丁目地区第一種市街地再開発事業に伴う施設建築物新築建築工事
○ 渋谷駅桜丘口地区市街地再開発組合	渋谷駅桜丘口地区第一種市街地再開発事業に伴う建設工事
○ 東日本高速道路㈱関東支社	横浜環状南線 公田笠間トンネル工事
○ 勝どき東地区市街地再開発組合	勝どき東地区第一種市街地再開発事業施設建築物A1地区新築工事
○ ㈱ケン・コーポレーション	(仮称)Kアリーナプロジェクト建設工事
○ 西日本高速道路㈱関西支社	新名神高速道路田上枝工事
○ 西日本鉄道㈱	福ビル街区建替プロジェクト
○ ㈱ＩＨＩ・三菱地所㈱	(仮称)豊洲4-2街区開発計画 Ｂ棟新築工事

(2) 経営者の視点による経営成績等の状況に関する分析・検討内容

経営者の視点による当社グループの経営成績等の状況に関する認識及び分析・検討内容は次のとおりである。

なお，文中の将来に関する事項は，別段の記載がない限り当連結会計年度末現在において判断したものである。

① 経営成績及び財政状態の状況に関する認識及び分析・検討内容

当社グループの当連結会計年度の経営成績は，国内建設事業（土木事業・建築事業）の着実な利益確保に加え，北米の流通倉庫開発事業を中心とする海外関係会社の貢献等により，２期連続で前連結会計年度比増収増益となり，ROE（自己資本利益率）は11.2％となった。売上高（2兆3,915億円）は過去最高，親会社株主に帰属する当期純利益（1,117億円）は過去２番目の水準である。連結業績に貢献した海外関係会社の業績について，売上高，親会社株主に帰属する当期純利益ともに過去最高水準になるなど，従前から進めてきた戦略的な投資の成果が継続的に現れている。

業績予想との比較では，売上高は業績予想と同水準となり，営業利益，経常利益及び親会社株主に帰属する当期純利益は業績予想を上回った。

当連結会計年度の経営成績（連結業績予想との対比）　（単位：百万円）

	売上高	営業利益	経常利益	親会社株主に帰属する当期純利益
連結業績予想（A） 2023年２月14日公表	2,400,000	121,000	150,000	105,000
経営成績（B）	2,391,579	123,526	156,731	111,789
増減額（B－A）	△8,420	2,526	6,731	6,789
増減率（%）	△0.4%	2.1%	4.5%	6.5%

財政状態については，当連結会計年度末の資産合計が前連結会計年度末比4,319億円増加し，２兆7,697億円となった。建設事業における売上債権（受取手形・完成工事未収入金等）が売上高の増加等に伴って増加し，計画に基づく国内外の不動産開発投資の進捗により，開発事業資産（販売用不動産，開発事業支出金及び有形固定資産など）も増加している。投資有価証券については，政策保有株式の中長期的な縮減に向けて，保有する株式の一部（17銘柄100億円）を売却したものの，海外開発事業推進に伴う出資や為替変動に伴う外貨換算増などにより増加した。なお，計画に掲げた政策保有株式の縮減目標（前連結会計年度から３年間で総額300億円以上の売却）に対しては，当連結会計年度までの２年間で累計249億円を売却しており順調に進捗している。連結自己資本は，1,000億円を上回る親会社株主に帰属する当期純利益の計上等に伴い前連結会計年度末から1,067億円増加の１兆524億円，自己資本比率は38.0%となった。連結有利子負債残高は，海外の不動産開発投資において外部資金を活用したことなどにより前連結会計年度末から1,778億円増加し，5,377億円となったものの，D/Eレシオ（負債資本倍率）は0.51倍であり，財務の健全性は十分に維持できていると考えている。

経営成績に重要な影響を与える主な要因は，国内外の建設事業及び開発事業における需要やコストの急激な変動等の事業環境の変化である。当連結会計年度においては，国内建設需要は，堅調な公共投資に加え，民間企業の旺盛な設備投資意欲により高い水準を維持した。受注競争は主に大型工事において厳しさが続いているものの，全体としては高水準の建設需要を背景に緩和の兆しが見られた。海外における建設需要は，欧米では製造業を中心に底堅く推移し，東南アジアでは経済活動の正常化が一段と進んだことにより回復傾向が続いた。コストに関しては，国内外ともに資機材価格は総じて高い価格水準に留まっており，労務費にも上昇の傾向が見られるため，動向に注視した適切な対応が必要と考えている。

今後については，国内建設事業は，堅調な建設需要が継続し，受注競争が落ち着くことが期待される。また，受注高の増加により，施工が繁忙な状態になると予想されるため，工期遵守や品質保全，着実な利益確保に資する適切な施工体制の確保に取り組むとともに，2024年度から適用される時間外労働上限規制などへの備えとして，ICTツール等を積極的に活用した施工の自動化，デジタル化，遠隔管理化などによる生産性向上やノンコア業務のアウトソーシングなどを推進していく。また，長期的には建設技能労働者が減少していく見通しであることから，賃金・休暇面での処遇改善やデジタル技術活用による建設業の魅力向上など次世代の担い手確保に向けた施策に取り組んでいる。海外事業においては，ウクライナ情勢等の地政学的リスクの高まりや，欧米を中心とするインフレ及び金利上昇などが事業環境に与える影響を見極めつつ，リスク管理を徹底した事業展開を進めていく。

セグメントごとの経営成績の状況に関する認識及び分析・検討内容は，次のとおりである。

a　土木事業

（当社における建設事業のうち土木工事に関する事業）

売上高は，大型工事を中心に施工が着実に進捗したことなどから増収となり，3,000億円台に回復した。売上総利益率は，当連結会計年度に竣工を迎えた工事の損益改善や複数工事における追加収入等により，前連結会計年度における16.5%から18.0%に改善した。営業利益は，増収の効果も重なり増益となった。

土木事業における建設需要は，インフラ更新などの国土強靭化に関連した分野や風力発電などのエネルギー分野における需要の拡大により，今後も堅調に推移すると考えている。

b　建築事業

（当社における建設事業のうち建築工事に関する事業）

売上高は，1兆2,000億円に迫る豊富な期首繰越高に加えて，生産施設など当連結会計年度に受注した大型工事の施工が順調に進捗したこと等から増収となり，1兆円を上回った。売上総利益率は，資機材価格上昇の影響などにより，前連結会計年度における10.3％から8.5％に低下したものの，早期調達等のコスト上昇対策や生産性向上の取り組みなどにより，期首に予想した売上総利益率を確保した。2024年3月期の売上総利益率については，竣工を迎える複数の大型工事の損益改善などを見込み，9.7％までの回復を予想している。

大型工事を中心に厳しい競争環境が継続しているが，建設コストの価格動向に留意した見積作成に加えて，働き方改革を踏まえた適正工期や適切な施工体制の確保に努めるとともに，技術力や提案力を軸とした受注活動により，採算性の維持・向上を図っていく。

c　開発事業等

（当社における不動産開発全般に関する事業及び意匠・構造設計，その他設計，エンジニアリング全般の事業）

開発事業等の売上高及び営業利益は，不動産販売案件が少なかったことを主因に，前連結会計年度と比較すると減少した。不動産賃貸事業については，前連結会計年度に完成した「横濱ゲートタワー」など当社が保有する賃貸ビルは総じて高い稼働率を維持しており，堅調に推移した。

2024年3月期は，複数のオフィスや分譲マンションなどの売却を計画しているため，当連結会計年度の売上高及び営業利益を大きく上回る見通しである。中期経営計画に基づき推進している国内不動産開発投資の成果として，今後も複数のプロジェクトが完成し，不動産賃貸事業の収益力は着実に高まると考えている。また，市況を見極めた最適なタイミングでの売却を進めていく。

d　国内関係会社

（当社の国内関係会社が行っている事業であり，主に日本国内における建設資機材の販売，専門工事の請負，総合リース業，ビル賃貸事業等）

当連結会計年度における国内関係会社の売上高及び営業利益は，前連結会計年度を上回った。売上高は，建設事業における順調な工事進捗と資機材販売の増加を主因に増収となり，営業利益は，原材料高騰による合材販売事業の採算低下が見られたものの，建設事業における増収効果や建物リース物件の売却益などにより増益となった。

なお，新型コロナウイルス感染症の影響により低迷していたゴルフ場の稼働率は，感染拡大前の水準を上回り，ホテルの稼働率についても観光需要の回復に伴って上昇している。

2024年3月期は，建設事業が堅調であると見込むとともに，開発系国内関係会社が保有する不動産開発物件の売却を計画している。合材販売事業においても，原材料高騰について顧客への価格転嫁が進むことから収益改善を見込んでいる。

e　海外関係会社

（当社の海外関係会社が行っている事業であり，北米，欧州，アジア，大洋州などの海外地域における建設事業，開発事業等）

当連結会計年度における海外関係会社の売上高は，外貨換算増の影響もあり，過去最高水準となった。建設事業は，東南アジアにおける新型コロナウイルス感染症対策の緩和に伴う工事進捗ペースの回復などにより大幅に伸長したものの，開発事業等は，北米における流通倉庫開発事業の物件売却数が減少したことを主因に微減となった。営業利益は，建設事業，開発事業等ともに堅調に推移したものの，高水準であった前連結会計年度と比較すると減少した。

海外関係会社の開発事業は，事業展開地域の市場特性に合わせて，倉庫，住宅，オフィス，ホテル，学生寮など幅広い分野への投資を実施している。北米では，流通倉庫開発事業を中心に積極的な展開を進めており，当連結会計年度においては，10件を物件売却し，13件の新規開発に着手している。今後も，事業採算性とリスクを見極めつつ，物件売却と新規開発を進めていく方針である。東南アジアでは，ホテルやオフィスなど複合開発による長期保有型ビジネスを中心に展開しており，当連結会計年度においては，経済活動が再開したことに伴い，運営しているホテルの稼働率や客室単価などが回復している。欧州においては，市場拡大が見込まれる再生可能エネルギー施設開発に取り組んでおり，関連技術や知見を保有する企業の持分を取得するなど，事業拡充と強化を図っている。従前からの戦略的な投資の成果により，海外開発事業は高い収益性を実現していると考えている。

2024年3月期については，東南アジアにおける業績回復などを主因に，売上高の増加を予想している。利益面では，欧米における景気不透明感などを踏まえて，特に開発事業において，売却益などを慎重に見込んでいる。

② **キャッシュ・フローの状況の分析・検討内容並びに資本の財源及び資金の流動性に係る情報**

当社グループは当連結会計年度において，資機材価格が上昇した中でも，国内建設事業で着実な利益を確保するとともに，北米流通倉庫開発事業における物件売却などによりキャッシュを創出した。これに加え，政策保有株式の売却や有利子負債の増加等を原資として，投資計画に基づく国内外の不動産開発投資や人材育成施設及び技術開発・オープンイノベーション拠点の建設など当社グループの経営基盤強化に繋がる投資を積極的に実施した。また，配当に加え，機動的な株主還元として，100億円の自己株式取得を実施し，株主還元を拡充している。

当連結会計年度末の現金及び現金同等物の残高は，前連結会計年度末に比べ145億円増加し2,822億円となった。当連結会計年度は，完成工事未収入金など売上債権の増加や開発投資に伴う開発事業支出金及び有形固定資産の増加等により，営業キャッシュ・フローと投資キャッシュ・フローはともに支出超過となったが，サステナビリティ・リンク・ボンドなどのサステナブルファイナンスも含めた有利子負債による資金調達が支出を上回り，現金及び現金同等物の残高が増加した。今後の建設事業における資金需要の予測は難しいものの，2024年3月期については大型工事の完成に伴う売上債権の回収により建設事業収支の改善を見込んでいる。なお，現金及び現金同等物の残高は月商程度の水準を上回っているとともに，コミットメントラインを設定する等，安定的な資金運営に向けた多様な資金調達手段を備えていることから，資金面に懸念はないと考えている。

「鹿島グループ中期経営計画（2021～2023）－未来につなぐ投資－」の投資計画に基づき推進している国内外の不動産開発投資やR&D・デジタル投資，M&A等の戦略的投資などの原資として，今後も国内外における建設事業の収益力を高め，資金の創出に努めるとともに，開発事業資産の計画的な売却や中長期的な政策保有株式の縮減を進めていく方針である。株主還元については，配当性向の目安を30%とするとともに，業績，財務状況及び経営環境を勘案した自己

---

point 財務諸表

この項目では，連結ではなく単体の貸借対照表と，損益計算書の内訳を確認することができる。連結＝単体＋子会社なので，会社によっては単体の業績を調べて連結全体の業績予想のヒントにする場合があるが，あまりその必要性がある企業は多くない。

株式の取得など機動的な株主還元を行うことを基本方針としている。

また，投資計画の実施に伴う資金需要に対しては，投資効率の向上に向けて，金利動向を見極めながら弾力的に外部資金を活用しているため，2024年3月末の連結有利子負債残高は6,300億円に増加する見通しであるものの，拡大する開発事業資産などに対するリスク耐性を備えた財務健全性は維持していく方針である。

③　重要な会計上の見積り及び当該見積りに用いた仮定

当社グループの連結財務諸表は，我が国において一般に公正妥当と認められている会計基準に基づき作成されているが，この連結財務諸表の作成にあたっては，経営者により，一定の会計基準の範囲内で見積りが行われている部分があり，資産・負債や収益・費用の数値に反映されている。これらの見積りについては，継続して評価し，必要に応じて見直しを行っているが，見積りには不確実性が伴うため，実際の結果は，これらとは異なることがある。

連結財務諸表の作成にあたって用いた会計上の見積り及び当該見積りに用いた仮定のうち，重要なものは「第5　経理の状況　1　連結財務諸表等　(1) 連結財務諸表　注記事項　(重要な会計上の見積り)」に記載している。

設備の状況

1　設備投資等の概要

当連結会計年度は，当社グループ全体で858億円の設備投資を実施した。当社の土木事業，建築事業及び開発事業等においては，事業用建物の建設等を中心に289億円の設備投資を実施した。

国内関係会社においては，賃貸事業用土地建物の購入等を中心に483億円の設備投資を実施した。

海外関係会社においては，事業用建物の建設等を中心に103億円の設備投資を実施した。

上記設備投資の所要資金については，自己資金及び銀行借入等により賄っている。

(注) 1　上記の設備投資金額には，有形固定資産の他に無形固定資産，長期前払費用が含まれている。
　　2　当社，国内関係会社及び海外関係会社の記載については，連結調整考慮前の金額を表示している。

2 主要な設備の状況

(1) 提出会社

2023年3月31日現在

事業所 (所在地)	帳簿価額(百万円)						従業員数 (人)
	建物及び構築物	機械、運搬具及び工具器具備品	土地		リース資産	合計	
			面積(㎡)	金額			
本社 (東京都港区)	29,559	2,468	466,026 〔8,190〕	64,678	213	96,920	2,265
北海道支店 (札幌市中央区)	120	22	9,751 〔－〕	315	627	1,085	181
東北支店 (仙台市青葉区)	1,692	58	768,340 〔1,134〕	5,173	12	6,937	541
関東支店 (さいたま市大宮区)	613	25	20,287 〔2,206〕	1,193	49	1,881	548
東京土木支店 (東京都港区)	706	12	404 〔－〕	1,802	52	2,573	454
東京建築支店 (東京都港区)	2,015	118	10,797 〔－〕	1,657	289	4,080	1,274
横浜支店 (横浜市中区)	1,382	15	32,772 〔－〕	3,354	784	5,536	539
北陸支店 (新潟市中央区)	553	152	13,774 〔－〕	1,649	14	2,369	184
中部支店 (名古屋市中区)	926	13	40,180 〔2,000〕	3,891	12	4,843	492
関西支店 (大阪市中央区)	907	24	22,437 〔－〕	3,245	22	4,199	726
中国支店 (広島市南区)	654	49	12,758 〔－〕	1,161	10	1,875	225
四国支店 (高松市)	431	21	8,343 〔－〕	1,063	7	1,523	155
九州支店 (福岡市博多区)	1,324	108	10,369 〔－〕	2,013	10	3,457	390
開発事業本部 (東京都港区)	56,674	245	1,184,178 〔23〕	107,661	18	164,600	155

(2) 国内関係会社

2023年3月31日現在

会社名 事業所 (所在地)	帳簿価額(百万円)						従業員数 (人)
	建物及び構築物	機械、運搬具及び工具器具備品	土地		リース資産	合計	
			面積(㎡)	金額			
鹿島道路㈱ 本店他 (東京都文京区)	6,479	2,148	415,138 〔1,461〕	12,718	1,756	23,102	1,440
鹿島八重洲開発㈱ グラントウキョウサウスタワー (東京都千代田区)	1,681	0	794 〔－〕	12,708	－	14,390	1
熱海インフラマネジメント合同会社 熱海ビーチライン (静岡県熱海市)	672	15	92,960 〔－〕	12,752	－	13,440	6

会社名 事業所 (所在地)	帳簿価額(百万円)						従業員数(人)
	建物及び構築物	機械、運搬具及び工具器具備品	土地及び借地権等		リース資産	合計	
			面積(㎡)	金額			
銀座並木特定目的会社 並木館銀座 (東京都中央区)	907	2	758 〔－〕	28,079	－	28,990	－

(3) 海外関係会社

2022年12月31日現在

会社名 (所在地)	帳簿価額(百万円)						従業員数(人)
	建物及び構築物	機械、運搬具及び工具器具備品	土地		使用権資産	合計	
			面積(㎡)	金額			
P.T.スナヤン・ トリカリヤ・センパナ (Indonesia)	29,881	280	188,185 〔－〕	2,066	－	32,228	655

(注) 1 提出会社は土木事業，建築事業及び開発事業等を営んでいるが，共通的に使用されている設備もあるため，セグメントごとに区分せず，主要な事業所ごとに一括して記載している。

2 土地及び建物の一部を連結会社以外から賃借している。賃借料は2,499百万円であり，賃借中の土地の面積については，〔 〕内に外書きで記載している。

3 土地及び建物のうち賃貸中の主なものとして，以下のものがある。

会社名 事業所	土地(㎡)	建物(㎡)
鹿島建設㈱		
東北支店	651,693	5,529
関西支店	14,007	8,227
中国支店	8,618	10,904
開発事業本部	1,129,122	445,531
鹿島八重洲開発㈱ グラントウキョウ　サウスタワー	794	9,146
銀座並木特定目的会社 並木館銀座	758	6,610
P.T.スナヤン・ トリカリヤ・センパナ	126,868	481,629

4 上記の他，主要な賃借している設備として，以下のものがある。なお，当社は賃借している設備を土木事業，建築事業のセグメントごとに区分していないため建設事業として記載している。

会社名 事業所	セグメントの名称	設備の内容	面積又は数量(㎡)	賃借又はリース期間(年)	年間賃借料又はリース料(百万円)
鹿島建設㈱					
北海道支店	建設事業	事業用事務所ビル	延床 1,857	3	155
関東支店	建設事業	事業用事務所ビル	延床 4,074	5	162
中部支店	建設事業	事業用事務所ビル	延床 5,233	4	319
開発事業本部	開発事業等	賃貸用事務所ビル	延床 85,185	5～25	4,143
鹿島リース㈱					
本社	国内関係会社	賃貸用事務所ビル	延床 5,204	4～28	99
〃	国内関係会社	賃貸用土地	143,311	9～50	659

3 設備の新設，除却等の計画

当社グループの設備投資については，将来の需要予測，利益に対する投資割合等を総合的に勘案して計画している。なお，当社は設備投資を土木事業，建築事業のセグメントごとに区分していないため建設事業として記載している。

(開発事業等)

重要な設備の新設の計画は次のとおりである。また，重要な設備の除却等の計画はない。

会社名 名称 (所在地)	内容	投資予定金額(百万円)		資金調達方法	備考
		総額	既支払額		
鹿島建設㈱ 八重洲二丁目中地区第一種市街地再開発事業 (東京都中央区)	建物等	61,300	175	自己資金等	2024年7月着工 2029年1月完成予定
鹿島建設㈱ 三会堂ビル建替計画 (東京都港区)	建物等	19,200	133	自己資金等	2024年7月着工 2027年9月完成予定
鹿島建設㈱ 東京工業大学田町キャンパス土地活用事業 (東京都港区)	建物等	未定(注)	363	自己資金等	2026年7月着工 2030年6月完成予定

(注) 投資予定金額の総額については，建築工事費等が未確定であるため，未定である。

(国内関係会社)

重要な設備の新設の計画は次のとおりである。なお，重要な設備の除却等の計画はない。

会社名 名称 (所在地)	内容	投資予定金額(百万円)		資金調達方法	備考
		総額	既支払額		
銀座歌舞伎特定目的会社 CURA 銀座 (東京都中央区)	土地・建物等	12,600	10,125	特定社債等	2022年10月購入 2023年1月完成予定

(注) 銀座歌舞伎特定目的会社の決算日は12月31日である。

(建設事業)

重要な設備の新設，除却等の計画はない。

(海外関係会社)

重要な設備の新設，除却等の計画はない。

提出会社の状況

1　株式等の状況

(1)　株式の総数等

① 株式の総数

種類	発行可能株式総数(株)
普通株式	1,250,000,000
計	1,250,000,000

② 発行済株式

種類	事業年度末現在 発行数(株) (2023年3月31日)	提出日現在 発行数(株) (2023年6月29日)	上場金融商品取引所名又は 登録認可金融商品取引業協会名	内容
普通株式	528,656,011	528,656,011	東京証券取引所プライム市場 名古屋証券取引所プレミア市場	単元株式数は100株である。
計	528,656,011	528,656,011	−	−

経理の状況

1　連結財務諸表及び財務諸表の作成方法について

(1)　当社の連結財務諸表は，「連結財務諸表の用語，様式及び作成方法に関する規則」（昭和51年大蔵省令第28号）に準拠して作成し，「建設業法施行規則」（昭和24年建設省令第14号）に準じて記載している。

(2)　当社の財務諸表は，「財務諸表等の用語，様式及び作成方法に関する規則」（昭和38年大蔵省令第59号）第2条の規定に基づき，同規則及び「建設業法施行規則」（昭和24年建設省令第14号）により作成している。

2　監査証明について

当社は，金融商品取引法第193条の2第1項の規定に基づき，連結会計年度(2022年4月1日から2023年3月31日まで)の連結財務諸表及び事業年度(2022年4月1日から2023年3月31日まで）の財務諸表について，有限責任監査法人トーマツによる監査を受けている。

3　連結財務諸表等の適正性を確保するための特段の取組みについて

当社は，連結財務諸表等の適正性を確保するための特段の取組みを行っている。具体的には，会計基準等の内容を適切に把握し，又は会計基準の変更等について的確に対応することができる体制を整備するため，公益財団法人財務会計基準機構へ加入し，各種セミナーに参加している。

また，当社は，一般社団法人日本建設業連合会の会員であり，会計・税制委員会の活動を通じて，建設業会計における企業会計諸制度の変更に対応している。

1　連結財務諸表等

(1)　連結財務諸表

①　連結貸借対照表

（単位：百万円）

	前連結会計年度 (2022年3月31日)	当連結会計年度 (2023年3月31日)
資産の部		
流動資産		
現金預金	273,303	285,780
受取手形・完成工事未収入金等	※1, ※4　726,563	※1, ※4　899,620
有価証券	187	383
営業投資有価証券	11,897	11,624
販売用不動産	※4　74,040	※4　144,714
未成工事支出金	※9　9,408	※9　9,955
開発事業支出金	※4　183,132	※4　268,097
その他の棚卸資産	4,658	6,855
その他	※4　109,478	※4　129,969
貸倒引当金	△1,957	△5,416
流動資産合計	1,390,711	1,751,584
固定資産		
有形固定資産		
建物及び構築物（純額）	※2, ※4　158,111	※2, ※4　159,363
機械、運搬具及び工具器具備品（純額）	※2, ※4　15,990	※2, ※4　16,846
土地	※3, ※4　239,279	※3, ※4　274,026
建設仮勘定	9,110	19,570
その他（純額）	※2　5,089	※2　8,733
有形固定資産合計	427,581	478,539
無形固定資産	14,898	※4　27,733
投資その他の資産		
投資有価証券	※4, ※5, ※6　355,871	※4, ※5, ※6　356,143
長期貸付金	※4　69,019	※4　60,200
退職給付に係る資産	1,311	1,523
繰延税金資産	10,144	13,347
その他	71,380	83,509
貸倒引当金	△3,177	△2,864
投資その他の資産合計	504,550	511,860
固定資産合計	947,030	1,018,133
資産合計	2,337,741	2,769,718

（単位：百万円）

	前連結会計年度 (2022年３月31日)	当連結会計年度 (2023年３月31日)
負債の部		
流動負債		
支払手形・工事未払金等	501,962	603,867
短期借入金	※4 174,731	※4 244,385
コマーシャル・ペーパー	40,000	40,000
1年内償還予定の社債	−	※4 38
未払法人税等	22,701	25,278
未成工事受入金	※7 124,112	※7 149,817
開発事業等受入金	※7 5,918	※7 7,608
完成工事補償引当金	12,086	12,678
工事損失引当金	※9 13,836	※9 14,748
役員賞与引当金	141	154
その他	※7 212,176	※7 221,188
流動負債合計	1,107,668	1,319,768
固定負債		
社債	50,000	※4 80,067
長期借入金	※4 95,173	※4 173,293
繰延税金負債	1,662	254
再評価に係る繰延税金負債	※3 20,689	※3 20,627
退職給付に係る負債	63,184	62,099
持分法適用に伴う負債	1,205	1,205
その他	※4 44,592	※4 51,257
固定負債合計	276,507	388,804
負債合計	1,384,175	1,708,572
純資産の部		
株主資本		
資本金	81,447	81,447
資本剰余金	42,313	41,990
利益剰余金	731,275	813,653
自己株式	△45,921	△55,673
株主資本合計	809,114	881,417
その他の包括利益累計額		
その他有価証券評価差額金	105,356	103,271
繰延ヘッジ損益	△730	△30
土地再評価差額金	※3 21,498	※3 21,357
為替換算調整勘定	10,588	44,819
退職給付に係る調整累計額	△122	1,595
その他の包括利益累計額合計	136,590	171,013
非支配株主持分	7,861	8,714
純資産合計	953,566	1,061,145
負債純資産合計	2,337,741	2,769,718

② 連結損益計算書及び連結包括利益計算書

連結損益計算書

（単位：百万円）

	前連結会計年度 (自 2021年4月1日 至 2022年3月31日)	当連結会計年度 (自 2022年4月1日 至 2023年3月31日)
売上高		
完成工事高	※1 1,797,794	※1 2,106,970
開発事業等売上高	※1 281,901	※1 284,608
売上高合計	2,079,695	2,391,579
売上原価		
完成工事原価	※2,※3,※5 1,613,910	※2,※3,※5 1,910,877
開発事業等売上原価	210,069	213,602
売上原価合計	1,823,979	2,124,479
売上総利益		
完成工事総利益	183,884	196,093
開発事業等総利益	71,831	71,006
売上総利益合計	255,715	267,100
販売費及び一般管理費	※4,※5 132,332	※4,※5 143,573
営業利益	123,382	123,526
営業外収益		
受取利息	4,827	6,044
受取配当金	7,053	10,468
持分法による投資利益	6,966	5,625
開発事業出資利益	11,853	17,115
その他	3,981	5,291
営業外収益合計	34,682	44,546
営業外費用		
支払利息	2,362	4,810
貸倒引当金繰入額	21	304
その他	3,577	6,226
営業外費用合計	5,961	11,341
経常利益	152,103	156,731
特別利益		
固定資産売却益	※6 244	※6 4,309
投資有価証券売却益	17,698	8,505
投資有価証券評価益	14	0
特別利益合計	17,958	12,814
特別損失		
固定資産売却損	※7 0	※7 69
固定資産除却損	※8 1,381	※8 418
投資有価証券売却損	6	58
投資有価証券評価損	237	1,405
減損損失	※9 16,453	※9 336
訴訟和解金	1,610	3
特別損失合計	19,690	2,290

（単位：百万円）

	前連結会計年度 (自 2021年4月1日 至 2022年3月31日)	当連結会計年度 (自 2022年4月1日 至 2023年3月31日)
税金等調整前当期純利益	150,370	167,255
法人税、住民税及び事業税	48,961	57,532
法人税等調整額	1,258	△4,342
法人税等合計	50,220	53,190
当期純利益	100,150	114,065
非支配株主に帰属する当期純利益又は非支配株主に帰属する当期純損失（△）	△3,717	2,275
親会社株主に帰属する当期純利益	103,867	111,789

連結包括利益計算書

（単位：百万円）

	前連結会計年度 (自 2021年4月1日 至 2022年3月31日)	当連結会計年度 (自 2022年4月1日 至 2023年3月31日)
当期純利益	100,150	114,065
その他の包括利益		
その他有価証券評価差額金	△6,883	△2,089
繰延ヘッジ損益	△92	602
為替換算調整勘定	23,060	36,511
退職給付に係る調整額	456	1,695
持分法適用会社に対する持分相当額	△1,036	△1,100
その他の包括利益合計	※1 15,504	※1 35,619
包括利益	115,654	149,685
（内訳）		
親会社株主に係る包括利益	118,293	146,354
非支配株主に係る包括利益	△2,638	3,330

③ 連結株主資本等変動計算書

前連結会計年度（自　2021年4月1日　至　2022年3月31日）

（単位：百万円）

	株主資本				
	資本金	資本剰余金	利益剰余金	自己株式	株主資本合計
当期首残高	81,447	43,271	654,128	△26,172	752,675
会計方針の変更による累積的影響額			1,404		1,404
会計方針の変更を反映した当期首残高	81,447	43,271	655,533	△26,172	754,080
当期変動額					
非支配株主との取引に係る親会社の持分変動		△1,002			△1,002
剰余金の配当			△28,125		△28,125
親会社株主に帰属する当期純利益			103,867		103,867
自己株式の取得				△20,007	△20,007
譲渡制限付株式報酬に係る自己株式の処分		44		258	303
土地再評価差額金の取崩					–
株主資本以外の項目の当期変動額（純額）					
当期変動額合計	–	△958	75,741	△19,749	55,034
当期末残高	81,447	42,313	731,275	△45,921	809,114

	その他の包括利益累計額						非支配株主持分	純資産合計
	その他有価証券評価差額金	繰延ヘッジ損益	土地再評価差額金	為替換算調整勘定	退職給付に係る調整累計額	その他の包括利益累計額合計		
当期首残高	112,242	△659	21,498	△10,352	△565	122,163	9,967	884,806
会計方針の変更による累積的影響額							0	1,405
会計方針の変更を反映した当期首残高	112,242	△659	21,498	△10,352	△565	122,163	9,967	886,212
当期変動額								
非支配株主との取引に係る親会社の持分変動						–		△1,002
剰余金の配当								△28,125
親会社株主に帰属する当期純利益								103,867
自己株式の取得								△20,007
譲渡制限付株式報酬に係る自己株式の処分								303
土地再評価差額金の取崩								–
株主資本以外の項目の当期変動額（純額）	△6,886	△71		20,941	443	14,426	△2,106	12,320
当期変動額合計	△6,886	△71	–	20,941	443	14,426	△2,106	67,354
当期末残高	105,356	△730	21,498	10,588	△122	136,590	7,861	953,566

当連結会計年度（自　2022年4月1日　至　2023年3月31日）

（単位：百万円）

	株主資本				
	資本金	資本剰余金	利益剰余金	自己株式	株主資本合計
当期首残高	81,447	42,313	731,275	△45,921	809,114
会計方針の変更による累積的影響額					−
会計方針の変更を反映した当期首残高	81,447	42,313	731,275	△45,921	809,114
当期変動額					
非支配株主との取引に係る親会社の持分変動		△369			△369
剰余金の配当			△29,552		△29,552
親会社株主に帰属する当期純利益			111,789		111,789
自己株式の取得				△10,025	△10,025
譲渡制限付株式報酬に係る自己株式の処分		46		273	320
土地再評価差額金の取崩			140		140
株主資本以外の項目の当期変動額（純額）					
当期変動額合計	−	△323	82,377	△9,751	72,302
当期末残高	81,447	41,990	813,653	△55,673	881,417

	その他の包括利益累計額						非支配株主持分	純資産合計
	その他有価証券評価差額金	繰延ヘッジ損益	土地再評価差額金	為替換算調整勘定	退職給付に係る調整累計額	その他の包括利益累計額合計		
当期首残高	105,356	△730	21,498	10,588	△122	136,590	7,861	953,566
会計方針の変更による累積的影響額								−
会計方針の変更を反映した当期首残高	105,356	△730	21,498	10,588	△122	136,590	7,861	953,566
当期変動額								
非支配株主との取引に係る親会社の持分変動				△0	△0	△0	0	△369
剰余金の配当								△29,552
親会社株主に帰属する当期純利益								111,789
自己株式の取得								△10,025
譲渡制限付株式報酬に係る自己株式の処分								320
土地再評価差額金の取崩			△140			△140		−
株主資本以外の項目の当期変動額（純額）	△2,084	700		34,231	1,717	34,565	851	35,416
当期変動額合計	△2,084	700	△140	34,230	1,717	34,423	852	107,578
当期末残高	103,271	△30	21,357	44,819	1,595	171,013	8,714	1,061,145

④　連結キャッシュ・フロー計算書

（単位：百万円）

	前連結会計年度 （自　2021年４月１日 至　2022年３月31日）	当連結会計年度 （自　2022年４月１日 至　2023年３月31日）
営業活動によるキャッシュ・フロー		
税金等調整前当期純利益	150,370	167,255
減価償却費	22,611	24,711
減損損失	16,453	336
貸倒引当金の増減額（△は減少）	1,116	3,155
完成工事補償引当金の増減額（△は減少）	△1,514	535
工事損失引当金の増減額（△は減少）	△2,160	911
退職給付に係る負債の増減額（△は減少）	1,052	1,137
退職給付に係る資産の増減額（△は増加）	223	△212
受取利息及び受取配当金	△11,880	△16,513
支払利息	2,362	4,810
持分法による投資損益（△は益）	△6,966	△5,625
固定資産除売却損益（△は益）	1,137	△3,821
投資有価証券売却損益（△は益）	△17,691	△8,447
投資有価証券評価損益（△は益）	222	1,404
売上債権の増減額（△は増加）	△68,761	△154,642
営業投資有価証券の増減額（△は増加）	−	△2,944
販売用不動産の増減額（△は増加）	56,150	23,275
未成工事支出金の増減額（△は増加）	△1,933	△389
開発事業支出金の増減額（△は増加）	△116,593	△161,348
その他の棚卸資産の増減額（△は増加）	△463	△2,186
仕入債務の増減額（△は減少）	61,555	87,942
未成工事受入金及び開発事業等受入金の増減額（△は減少）	△4,341	23,041
その他	△8,786	32,964
小計	72,163	15,351
利息及び配当金の受取額	14,341	13,982
利息の支払額	△2,222	△4,148
法人税等の支払額	△54,067	△54,301
営業活動によるキャッシュ・フロー	30,215	△29,116

（単位：百万円）

	前連結会計年度 （自 2021年４月１日 至 2022年３月31日）	当連結会計年度 （自 2022年４月１日 至 2023年３月31日）
投資活動によるキャッシュ・フロー		
定期預金の純増減額（△は増加）	1,883	2,272
有形固定資産の取得による支出	△49,414	△60,737
有形固定資産の売却による収入	4,005	11,825
無形固定資産の取得による支出	△3,671	△16,213
無形固定資産の売却による収入	－	1,702
投資有価証券の取得による支出	△12,745	△22,254
投資有価証券の売却等による収入	21,586	26,014
連結の範囲の変更を伴う子会社株式の取得による支出	※2 △2,687	－
貸付けによる支出	△22,018	△27,645
貸付金の回収による収入	22,566	11,476
その他	△10,670	△8,182
投資活動によるキャッシュ・フロー	△51,166	△81,743
財務活動によるキャッシュ・フロー		
短期借入金の純増減額（△は減少）	8,060	59,685
コマーシャル・ペーパーの純増減額（△は減少）	40,000	－
長期借入れによる収入	68,141	114,096
長期借入金の返済による支出	△85,755	△46,404
社債の発行による収入	10,000	30,106
社債の償還による支出	△10,000	－
リース債務の返済による支出	△2,280	△3,030
自己株式の取得による支出	△20,007	△10,025
配当金の支払額	△28,125	△29,552
非支配株主からの出資受入による収入	1,694	2,361
非支配株主への配当金の支払額	△1,297	△4,936
連結の範囲の変更を伴わない子会社株式の取得による支出	△1,307	△277
その他	△53	△129
財務活動によるキャッシュ・フロー	△20,930	111,893
現金及び現金同等物に係る換算差額	8,623	13,486
現金及び現金同等物の増減額（△は減少）	△33,257	14,520
現金及び現金同等物の期首残高	300,991	267,733
現金及び現金同等物の期末残高	※1 267,733	※1 282,253

【注記事項】

(連結財務諸表作成のための基本となる重要な事項)

1　連結の範囲に関する事項……………………………………………

(1)　連結子会社数　154社……………………………………………

主要な連結子会社名

「第1　企業の概況　4　関係会社の状況」に記載のとおり。

なお，当連結会計年度から，イートンリアルエステート(株)，イートンリアルエステート(株)の連結子会社2社，カジマヨーロッパリミテッドの連結子会社1社及びカジマアジアパシフィックホールディングスピーティーイーリミテッドの連結子会社4社について，株式又は持分の取得により子会社となったため，新たに連結の範囲に含めることとした。

カジマヨーロッパリミテッドの連結子会社1社について，議決権所有割合の低下により関連会社となったため，連結の範囲から除外し持分法を適用することとした。また，カジマオーストラリアピーティーワイリミテッドの連結子会社1社は清算したため，連結の範囲から除外した。

(2)　主要な非連結子会社名……………………………………………

(株)アルテス，日本海上工事(株)，(株)鹿島出版会

非連結子会社は，いずれも小規模会社であり，合計の総資産，売上高，当期純損益(持分に見合う額)及び利益剰余金(持分に見合う額)等は，いずれも連結財務諸表に重要な影響を及ぼしていないため，連結の範囲から除外している。

(3)　開示対象特別目的会社……………………………………………

開示対象特別目的会社の概要，開示対象特別目的会社を利用した取引の概要及び開示対象特別目的会社との取引金額等については，「開示対象特別目的会社関係」として記載している。

2　持分法の適用に関する事項……………………………………………

(1)　すべての非連結子会社(34社)及び関連会社(108社)に対する投資について，持分法を適用している。……………………………………

主要な非連結子会社名

「1　連結の範囲に関する事項　(2) 主要な非連結子会社名」に記載のとおり。

主要な関連会社名

「第1　企業の概況　4　関係会社の状況」に記載のとおり。

なお，当連結会計年度から，株式又は持分の取得により関連会社となった14社及び議決権所有割合の低下により連結の範囲から除外した関連会社1社について，新たに持分法を適用している。また，株式又は持分を売却した関連会社3社及び清算した関連会社1社について，持分法適用の範囲から除外した。

(2)　その他 ……………………………………………………………

持分法適用会社の投資差額（負の投資差額を除く）については，その効果の及ぶ期間にわたって，均等償却を行っている。

3　連結子会社の事業年度等に関する事項 ………………………………

連結子会社のうちカジマユーエスエーインコーポレーテッド，カジマヨーロッパリミテッド，カジマアジアパシフィックホールディングスピーティーイーリミテッド及びカジマオーストラリアピーティーワイリミテッド他138社の決算日は12月31日である。連結財務諸表の作成にあたっては，同決算日現在の財務諸表を使用している。ただし，同決算日から連結決算日3月31日までの期間に発生した重要な取引については，連結上必要な調整を行っている。上記以外の連結子会社の事業年度は連結財務諸表提出会社と同一である。

4　会計方針に関する事項 ………………………………………………

(1)　重要な資産の評価基準及び評価方法 ………………………………

①　有価証券

その他有価証券

市場価格のない株式等以外のもの

時価法（評価差額は全部純資産直入法により処理し，売却原価は移動平均法により算定）

市場価格のない株式等

移動平均法による原価法

② **デリバティブ**　原則として時価法

③ **棚卸資産**

販売用不動産　個別法による原価法（貸借対照表価額は収益性の低下に基づく簿価切下げの方法により算定）

未成工事支出金　個別法による原価法

開発事業支出金　個別法による原価法（貸借対照表価額は収益性の低下に基づく簿価切下げの方法により算定）

ただし，一部の在外連結子会社は，所在地国の会計基準に従い，販売用不動産，未成工事支出金及び開発事業支出金について個別法による低価法を適用している。

(2)　重要な減価償却資産の減価償却の方法

① **有形固定資産（リース資産及び使用権資産を除く）**

国内連結会社は，主として定率法によっている。ただし，1998年4月1日以降に取得した建物（建物附属設備を除く）並びに2016年4月1日以降に取得した建物附属設備及び構築物については，定額法によっている。なお，耐用年数及び残存価額については，法人税法に規定する方法と同一の基準によっている。

在外連結子会社は，主として見積耐用年数に基づく定額法によっている。

② **無形固定資産（リース資産及び使用権資産を除く）**

定額法によっている。

なお，国内連結会社は，自社利用のソフトウエアについては，社内における利用可能期間（5年）に基づく定額法によっている。

③ **リース資産**

所有権移転外ファイナンス・リース取引に係るリース資産

リース期間を耐用年数とし，残存価額を零とする定額法によっている。

④ **使用権資産**

リース期間又は当該資産の耐用年数のうち，いずれか短い方の期間を耐用年数とし，残存価額を零とする定額法によっている。

(3) 重要な引当金の計上基準 ……………………………………

① 貸倒引当金

国内連結会社は，債権の貸倒損失に備えるため，一般債権については貸倒実績率により，貸倒懸念債権等特定の債権については個別に回収可能性を検討し，回収不能見込額を計上している。

在外連結子会社は，貸倒見積額を計上している。

② 完成工事補償引当金

完成工事に係る瑕疵担保等の費用に備えるため，当連結会計年度の完成工事高に対し，前2連結会計年度の実績率を基礎に将来の支出見込を勘案して計上している。

③ 工事損失引当金

受注工事に係る将来の損失に備えるため，当連結会計年度末における未引渡工事の損失見込額を計上している。

④ 役員賞与引当金

一部の国内連結子会社は，取締役の賞与の支出に備えるため，当連結会計年度における支給見込額を計上している。

(4) 退職給付に係る会計処理の方法 ……………………………

退職給付債務の算定にあたり，退職給付見込額を当連結会計年度末までの期間に帰属させる方法については，給付算定式基準によっている。

数理計算上の差異は，各連結会計年度の発生時における従業員の平均残存勤務期間以内の一定の年数（10年）による定額法により按分した額を，それぞれ発生の翌連結会計年度から費用処理又は費用の減額処理をすることとしている。

一部の在外連結子会社については，所在地国の会計基準に従い，当連結会計年度末における見込額に基づき，退職給付債務の額を計上している。

(5) 重要な収益及び費用の計上基準 ……………………………

当社及び連結子会社の主要な事業における主な履行義務の内容及び当該履行義務を充足する通常の時点（収益を認識する通常の時点）は以下のとおりである。

---

① 建設事業

土木建築及び機器装置その他建設工事全般について，工事請負契約等を締結の上，施工等を行っており，完成した建設物等を顧客に引き渡す履行義務を負っている。

当該契約について，約束した財又はサービスに対する支配が顧客に一定の期間にわたり移転する場合には，当該財又はサービスを顧客に移転する履行義務を充足するにつれて一定の期間にわたり収益を認識する方法を採用しており，履行義務の充足に係る進捗度の測定は，主として各期末までに発生した工事原価が，予想される工事原価の合計に占める割合に基づいて行っている。

② 開発事業等

不動産開発全般及び意匠・構造設計，その他設計，エンジニアリング全般について，不動産売買契約・業務委託契約等を締結の上，業務等を行っており，役務の提供又は物件・成果品の顧客への引渡し等の履行義務を負っている。

当該契約について，約束した財又はサービスに対する支配が顧客に一定の期間にわたり移転する場合には，当該財又はサービスを顧客に移転する履行義務を充足するにつれて一定の期間にわたり収益を認識する方法を採用しており，それ以外の場合には，一時点で充足される履行義務であると判断し，物件・成果品の引渡し時点において収益を認識している。一定の期間にわたり収益を認識する方法を採用している場合の履行義務の充足に係る進捗度の測定は，主として各期末までに発生した原価が，予想される原価の合計に占める割合に基づいて行っている。

なお，建設事業及び開発事業等において，契約における取引開始日から完全に履行義務を充足すると見込まれる時点までの期間がごく短い契約については代替的な取扱いを適用し，一定の期間にわたり収益を認識せず，完全に履行義務を充足した時点で収益を認識している。

(6) 重要なヘッジ会計の方法……………………………………………

① ヘッジ会計の方法

原則として繰延ヘッジ処理によっている。

なお，為替予約及び通貨スワップについては振当処理の要件を満たしている場合は振当処理に，金利スワップについては特例処理の要件を満たしている場合は特例処理によっている。

② **ヘッジ手段とヘッジ対象**

（ヘッジ手段）	（ヘッジ対象）
為替予約	外貨建金銭債権債務及び外貨建予定取引
通貨スワップ	外貨建金銭債権債務及び外貨建予定取引
金利スワップ	借入金及び社債等

③ **ヘッジ方針**

主として当社の内部規程である「デリバティブ取引の取扱基準」及び「リスク管理要領書」に基づき，為替変動リスク及び金利変動リスクをヘッジしている。

④ **ヘッジ有効性評価の方法**

為替予約及び通貨スワップについては，ヘッジ対象とヘッジ手段の重要な条件が一致していることを事前テストで確認し，また四半期毎に当該条件に変更がないことを事後テストで確認している。なお，外貨建予定取引については，過去の取引実績等を総合的に勘案し，取引の実行可能性が極めて高いことを事前テスト及び事後テストで確認している。金利スワップについては，事前テスト及び事後テストにより，ヘッジ対象とヘッジ手段の過去の変動累計（おおむね5年間程度）を比率分析によって評価し，ヘッジ有効性を確認している。

ただし，ヘッジ手段とヘッジ対象に関する重要な条件が同一であり，ヘッジ開始時及びその後も継続して相場変動又はキャッシュ・フロー変動を完全に相殺するものと想定することができる場合には，有効性の判定は省略している。

⑤ **その他**

信用リスク極小化のため，デリバティブ取引の契約先はいずれも信用力の高い国内外の金融機関に限定している。

(7) のれんの償却方法及び償却期間 ………………………………

効果の及ぶ期間にわたって，均等償却を行っている。

(8) 連結キャッシュ・フロー計算書における資金の範囲

手許現金，随時引出し可能な預金及び容易に換金可能であり，かつ，価値の変動について僅少なリスクしか負わない取得日から３ヵ月以内に償還期限の到来する短期投資からなる。

(9) その他連結財務諸表作成のための重要な事項

① 繰延資産の処理方法

社債発行費は，支出時に全額費用として処理している。

② 支払利息の資産の取得原価への算入に関する注記

支払利息は期間費用として処理している。ただし，在外連結子会社は，所在地国の会計基準に従い，不動産開発事業等に要した資金に対する支払利息を開発事業支出金の取得原価に算入している。なお，前連結会計年度における算入額は1,213百万円であり，当連結会計年度における算入額は3,449百万円である。

③ 消費税及び地方消費税に相当する額の会計処理

税抜方式によっている。

④ グループ通算制度の適用

グループ通算制度を適用している。

⑤ 関連する会計基準等の定めが明らかでない場合に採用した会計処理の原則及び手続

当社及び一部の国内連結子会社は，複数の企業が一つの建設工事等を受注・施工することを目的に組成する共同企業体（ジョイントベンチャー）については，個別の組織体として認識せず，共同企業体に対する出資割合に応じて自社の会計に取り込む方法により完成工事高及び完成工事原価を計上している。

（重要な会計上の見積り）

約束した財又はサービスを顧客に移転する履行義務を充足するにつれて一定の期間にわたり収益を認識する方法（以下，いわゆる「工事進行基準」という。）に係る工事収益総額，工事原価の合計及び進捗度の見積り

1　当連結会計年度の連結財務諸表に計上した金額

（単位：百万円）

	前連結会計年度	当連結会計年度
工事進行基準による完成工事高	1,680,572	1,984,310
工事進行基準による完成工事原価	1,517,698	1,808,322
工事損失引当金	13,836	14,748

2　識別した項目に係る重要な会計上の見積りの内容に関する情報

工事進行基準による完成工事高については，主として予想される工事原価の合計を基礎として当連結会計年度末までに発生した工事原価に応じた進捗度に，予想される工事収益総額を乗じて算定している。

予想される工事収益総額及び工事原価の合計の見積りについては，工事着工段階において実行予算を編成し，着工後の各期末においては工事の現況を踏まえて見直しを実施するとともに，進捗度については，主として各期末までに発生した工事原価が，予想される工事原価の合計に占める割合に基づいて見積もっている。

当該見積りは，今後の工事の進捗に伴い，施工中の工法変更や施工範囲の変更等に伴う設計変更・追加契約の締結，資材・外注費等に係る市況の変動及び条件変更に伴う外注費の変動等によって影響を受ける可能性があり，翌連結会計年度の連結財務諸表において，完成工事高，完成工事原価及び工事損失引当金の金額に重要な影響を及ぼす可能性がある。

（会計方針の変更）

（「時価の算定に関する会計基準の適用指針」の適用）

「時価の算定に関する会計基準の適用指針」（企業会計基準適用指針第31号 2021年6月17日。以下「時価算定会計基準適用指針」という。）を当連結会計年度の期首から適用し，時価算定会計基準適用指針第27－2項に定める経過的な取扱いに従って，時価算定会計基準適用指針が定める新たな会計方針を将来にわたって適用することとした。

なお，当連結会計年度において，連結財務諸表に与える影響は軽微である。

また，「金融商品関係」注記の金融商品の時価のレベルごとの内訳等に関する事項における投資信託に関する注記事項においては，時価算定会計基準適用指針第27－3項に従って，前連結会計年度に係るものについては記載していない。

（表示方法の変更）

（連結損益計算書関係）

「匿名組合投資損失」については，前連結会計年度において区分掲記していたが，営業外費用総額の100分の10以下となったため，当連結会計年度から営業外費用の「その他」に含めて表示することとした。この表示方法の変更を反映させるため，前連結会計年度の連結財務諸表の組替えを行っている。

この結果，前連結会計年度の連結損益計算書において，「匿名組合投資損失」に表示していた943百万円は，営業外費用の「その他」3,577百万円に含めて組み替えている。

2 財務諸表等

(1) 財務諸表

① 貸借対照表

（単位：百万円）

	前事業年度 (2022年3月31日)	当事業年度 (2023年3月31日)
資産の部		
流動資産		
現金預金	143,233	130,037
受取手形	4,681	26,305
電子記録債権	5,305	5,839
完成工事未収入金	525,247	629,593
リース投資資産	933	906
有価証券	※3 47	※3 77
営業投資有価証券	11,897	11,624
販売用不動産	33,272	32,784
未成工事支出金	5,795	5,978
開発事業等支出金	71,855	85,555
材料貯蔵品	86	105
前払費用	574	543
その他	※2 68,799	※2 30,009
貸倒引当金	△84	△12
流動資産合計	871,645	959,350
固定資産		
有形固定資産		
建物	261,386	261,035
減価償却累計額	△164,066	△166,310
建物（純額）	97,319	94,724
構築物	15,180	15,437
減価償却累計額	△12,452	△12,591
構築物（純額）	2,728	2,846
機械及び装置	16,658	15,855
減価償却累計額	△15,454	△14,974
機械及び装置（純額）	1,203	880
車両運搬具	586	590
減価償却累計額	△566	△574
車両運搬具（純額）	19	16
工具器具・備品	13,258	14,136
減価償却累計額	△11,266	△11,698
工具器具・備品（純額）	1,991	2,438
土地	※2 188,067	※2 199,155
リース資産	2,928	3,971
減価償却累計額	△1,517	△1,846
リース資産（純額）	1,410	2,125
建設仮勘定	5,421	9,030
その他	192	196
有形固定資産合計	298,356	311,413

（単位：百万円）

	前事業年度 (2022年３月31日)	当事業年度 (2023年３月31日)
無形固定資産		
借地権	1,385	1,358
ソフトウエア	5,055	5,150
リース資産	1	0
その他	72	65
無形固定資産合計	6,513	6,575
投資その他の資産		
投資有価証券	※2,※3,※4 272,955	※2,※3,※4 260,329
関係会社株式	※2 128,427	※2 152,880
その他の関係会社有価証券	※2 26,452	※2 29,920
出資金	115	115
関係会社出資金	6,029	6,105
長期貸付金	1,139	1,138
従業員に対する長期貸付金	2	3
関係会社長期貸付金	※2 18,003	※2 20,988
破産更生債権等	64	63
長期前払費用	2,543	2,026
繰延税金資産	−	2,762
その他	16,636	16,855
貸倒引当金	△5,920	△5,803
投資その他の資産合計	466,449	487,387
固定資産合計	771,319	805,375
資産合計	1,642,964	1,764,726

（単位：百万円）

	前事業年度 （2022年３月31日）	当事業年度 （2023年３月31日）
負債の部		
流動負債		
支払手形	1,079	1,991
工事未払金	※1 359,994	※1 419,650
短期借入金	68,821	74,222
コマーシャル・ペーパー	40,000	40,000
リース債務	※1 685	※1 1,116
未払金	※1 11,929	※1 15,858
未払費用	※1 20,946	※1 19,783
未払法人税等	20,180	19,515
未成工事受入金	※1 86,411	※1 98,684
開発事業等受入金	※1 2,270	※1 3,271
預り金	※1 108,470	※1 102,169
前受収益	※1 3,721	※1 16
完成工事補償引当金	10,863	11,881
工事損失引当金	13,790	14,560
資産除去債務	120	－
その他	※1 40,431	※1 46,645
流動負債合計	789,714	869,365
固定負債		
社債	50,000	60,000
長期借入金	40,508	35,107
リース債務	※1 1,712	※1 2,018
繰延税金負債	590	－
再評価に係る繰延税金負債	19,815	19,784
退職給付引当金	55,174	55,452
関係会社事業損失引当金	213	213
資産除去債務	468	1,542
その他	※1, ※2 28,281	※1, ※2 27,964
固定負債合計	196,764	202,082
負債合計	986,479	1,071,448

（単位：百万円）

	前事業年度 （2022年３月31日）	当事業年度 （2023年３月31日）
純資産の部		
株主資本		
資本金	81,447	81,447
資本剰余金		
資本準備金	20,485	20,485
その他資本剰余金	25,090	25,136
資本剰余金合計	45,575	45,621
利益剰余金		
その他利益剰余金		
固定資産圧縮積立金	8,209	8,322
投資勘定特別積立金	51	51
別途積立金	358,997	401,997
繰越利益剰余金	87,799	93,564
利益剰余金合計	455,057	503,935
自己株式	△45,346	△55,098
株主資本合計	536,732	575,905
評価・換算差額等		
その他有価証券評価差額金	99,669	97,362
繰延ヘッジ損益	0	△1
土地再評価差額金	20,082	20,011
評価・換算差額等合計	119,752	117,372
純資産合計	656,485	693,278
負債純資産合計	1,642,964	1,764,726

② 損益計算書

（単位：百万円）

	前事業年度 （自 2021年４月１日 至 2022年３月31日）	当事業年度 （自 2022年４月１日 至 2023年３月31日）
売上高		
完成工事高	1, 192, 511	1, 387, 828
開発事業等売上高	52, 412	44, 945
売上高合計	1, 244, 923	1, 432, 774
売上原価		
完成工事原価	1, 052, 590	1, 241, 158
開発事業等売上原価	38, 201	34, 377
売上原価合計	1, 090, 792	1, 275, 535
売上総利益		
完成工事総利益	139, 920	146, 670
開発事業等総利益	14, 211	10, 568
売上総利益合計	154, 131	157, 238
販売費及び一般管理費		
役員報酬	723	767
執行役員報酬	2, 309	2, 566
従業員給料手当	21, 374	20, 853
退職給付引当金繰入額	881	822
退職年金掛金	444	428
法定福利費	3, 502	3, 500
福利厚生費	1, 340	1, 382
修繕維持費	1, 357	910
事務用品費	571	429
通信交通費	2, 185	2, 447
動力用水光熱費	308	388
調査研究費	15, 241	15, 567
広告宣伝費	988	1, 031
交際費	716	1, 001
寄付金	647	390
地代家賃	1, 308	1, 706
減価償却費	1, 810	1, 527
租税公課	1, 685	2, 518
保険料	95	92
雑費	15, 550	15, 729
販売費及び一般管理費合計	73, 041	74, 064
営業利益	81, 090	83, 174
営業外収益		
受取利息	274	289
受取配当金	※1 12, 399	※1 21, 952
その他	2, 727	1, 989
営業外収益合計	15, 402	24, 231
営業外費用		
支払利息	1, 418	1, 060
社債利息	108	131
匿名組合投資損失	※1 1, 003	※1 1, 162
その他	1, 558	1, 742
営業外費用合計	4, 089	4, 097
経常利益	92, 403	103, 309

（単位：百万円）

	前事業年度 （自 2021年4月1日 至 2022年3月31日）	当事業年度 （自 2022年4月1日 至 2023年3月31日）
特別利益		
固定資産売却益	※2 2	※1, ※2 4,930
投資有価証券売却益	13,300	6,490
関係会社株式売却益	−	11
特別利益合計	13,302	11,433
特別損失		
固定資産売却損	※3 0	※3 54
固定資産除却損	※4 1,225	※4 331
投資有価証券売却損	4	56
投資有価証券評価損	224	1,314
減損損失	245	−
訴訟和解金	1,610	3
特別損失合計	3,310	1,760
税引前当期純利益	102,395	112,981
法人税、住民税及び事業税	29,995	36,937
法人税等調整額	206	△2,371
法人税等合計	30,202	34,565

完成工事原価報告書

区分	注記番号	前事業年度 (自　2021年4月1日 至　2022年3月31日) 金額(百万円)	構成比(%)	当事業年度 (自　2022年4月1日 至　2023年3月31日) 金額(百万円)	構成比(%)
材料費		130,692	12.4	187,597	15.1
労務費		87,291	8.3	98,151	7.9
(うち労務外注費)		(87,291)	(8.3)	(98,151)	(7.9)
外注費		655,545	62.3	759,969	61.3
経費		179,061	17.0	195,439	15.7
(うち人件費)		(76,636)	(7.3)	(78,642)	(6.3)
計		1,052,590	100	1,241,158	100

(注)　原価計算の方法は，個別原価計算である。

開発事業等売上原価報告書

区分	注記番号	前事業年度 (自　2021年4月1日 至　2022年3月31日) 金額(百万円)	構成比(%)	当事業年度 (自　2022年4月1日 至　2023年3月31日) 金額(百万円)	構成比(%)
開発事業					
土地代		2,704	7.1	43	0.1
建物代		–	–	–	–
工事費		3,239	8.5	1,648	4.8
経費		16,665	43.6	18,403	53.6
小計		22,609	59.2	20,094	58.5
その他		15,591	40.8	14,282	41.5
計		38,201	100	34,377	100

(注)　原価計算の方法は，個別原価計算である。

③ 株主資本等変動計算書

前事業年度（自　2021年4月1日　至　2022年3月31日）

（単位：百万円）

	株主資本									
	資本金	資本剰余金		利益剰余金					自己株式	株主資本合計
				その他利益剰余金						
		資本準備金	その他資本剰余金	特別償却準備金	固定資産圧縮積立金	投資勘定特別積立金	別途積立金	繰越利益剰余金		
当期首残高	81,447	20,485	25,045	35	8,382	25	306,997	94,662	△25,597	511,483
会計方針の変更による累積的影響額								939		939
会計方針の変更を反映した当期首残高	81,447	20,485	25,045	35	8,382	25	306,997	95,602	△25,597	512,423
当期変動額										
剰余金の配当								△28,178		△28,178
別途積立金の積立							52,000	△52,000		–
特別償却準備金の取崩				△35				35		–
固定資産圧縮積立金の積立										–
固定資産圧縮積立金の取崩					△173			173		–
投資勘定特別積立金の積立						26		△26		–
当期純利益								72,192		72,192
自己株式の取得									△20,007	△20,007
譲渡制限付株式報酬に係る自己株式の処分			44						258	303
土地再評価差額金の取崩										–
株主資本以外の項目の当期変動額（純額）										
当期変動額合計	–	–	44	△35	△173	26	52,000	△7,803	△19,749	24,309
当期末残高	81,447	20,485	25,090	–	8,209	51	358,997	87,799	△45,346	536,732

	評価・換算差額等				純資産合計
	その他有価証券評価差額金	繰延ヘッジ損益	土地再評価差額金	評価・換算差額等合計	
当期首残高	106,869	–	20,082	126,951	638,435
会計方針の変更による累積的影響額					939
会計方針の変更を反映した当期首残高	106,869	–	20,082	126,951	639,375
当期変動額					
剰余金の配当					△28,178
別途積立金の積立					–
特別償却準備金の取崩					–
固定資産圧縮積立金の積立					–
固定資産圧縮積立金の取崩					–
投資勘定特別積立金の積立					–
当期純利益					72,192
自己株式の取得					△20,007
譲渡制限付株式報酬に係る自己株式の処分					303
土地再評価差額金の取崩					–
株主資本以外の項目の当期変動額（純額）	△7,199	0		△7,199	△7,199
当期変動額合計	△7,199	0	–	△7,199	17,110
当期末残高	99,669	0	20,082	119,752	656,485

当事業年度（自　2022年4月1日　至　2023年3月31日）

（単位：百万円）

	株主資本									
	資本金	資本剰余金		利益剰余金					自己株式	株主資本合計
		資本準備金	その他資本剰余金	その他利益剰余金						
				特別償却準備金	固定資産圧縮積立金	投資勘定特別積立金	別途積立金	繰越利益剰余金		
当期首残高	81, 447	20, 485	25, 090	−	8, 209	51	358, 997	87, 799	△45, 346	536, 732
会計方針の変更による累積的影響額										−
会計方針の変更を反映した当期首残高	81, 447	20, 485	25, 090	−	8, 209	51	358, 997	87, 799	△45, 346	536, 732
当期変動額										
剰余金の配当								△29, 609		△29, 609
別途積立金の積立							43, 000	△43, 000		−
特別償却準備金の取崩										−
固定資産圧縮積立金の積立					229			△229		−
固定資産圧縮積立金の取崩					△115			115		−
投資勘定特別積立金の積立										−
当期純利益								78, 416		78, 416
自己株式の取得									△10, 025	△10, 025
譲渡制限付株式報酬に係る自己株式の処分			46						273	320
土地再評価差額金の取崩								71		71
株主資本以外の項目の当期変動額（純額）										
当期変動額合計	−	−	46	−	113	−	43, 000	5, 765	△9, 751	39, 173
当期末残高	81, 447	20, 485	25, 136	−	8, 322	51	401, 997	93, 564	△55, 098	575, 905

	評価・換算差額等				純資産合計
	その他有価証券評価差額金	繰延ヘッジ損益	土地再評価差額金	評価・換算差額等合計	
当期首残高	99, 669	0	20, 082	119, 752	656, 485
会計方針の変更による累積的影響額					−
会計方針の変更を反映した当期首残高	99, 669	0	20, 082	119, 752	656, 485
当期変動額					
剰余金の配当					△29, 609
別途積立金の積立					−
特別償却準備金の取崩					−
固定資産圧縮積立金の積立					−
固定資産圧縮積立金の取崩					−
投資勘定特別積立金の積立					−
当期純利益					78, 416
自己株式の取得					△10, 025
譲渡制限付株式報酬に係る自己株式の処分					320
土地再評価差額金の取崩			△71	△71	−
株主資本以外の項目の当期変動額（純額）	△2, 307	△1		△2, 308	△2, 308
当期変動額合計	△2, 307	△1	△71	△2, 379	36, 793
当期末残高	97, 362	△1	20, 011	117, 372	693, 278

【注記事項】

（重要な会計方針）

1　有価証券の評価基準及び評価方法

（1）　子会社株式及び関連会社

株式移動平均法による原価法

（2）　その他有価証券

市場価格のない株式等以外のもの

時価法（評価差額は全部純資産直入法により処理し，売却原価は移動平均法により算定）

市場価格のない株式等　移動平均法による原価法

2　デリバティブ等の評価基準及び評価方法

デリバティブ　原則として時価法

3　棚卸資産の評価基準及び評価方法

販売用不動産　個別法による原価法（貸借対照表価額は収益性の低下に基づく簿価切下げの方法により算定）

未成工事支出金　個別法による原価法

開発事業等支出金　個別法による原価法（貸借対照表価額は収益性の低下に基づく簿価切下げの方法により算定）

材料貯蔵品　移動平均法による原価法（貸借対照表価額は収益性の低下に基づく簿価切下げの方法により算定）

4　固定資産の減価償却の方法

（1）　有形固定資産　定率法

（リース資産を除く）　ただし，1998年4月1日以降に取得した建物（建物附属設備を除く）並びに2016年4月1日以降に取得した建物附属設備及び構築物については定額法

なお，耐用年数及び残存価額については，法人税法に

規定する方法と同一の基準を適用

(2) 無形固定資産（リース資産を除く）　定額法
なお，自社利用のソフトウエアについては，社内における利用可能期間（5年）に基づく定額法

(3) リース資産　所有権移転ファイナンス・リース取引に係るリース資産
自己所有の固定資産に適用する減価償却方法と同一の方法
所有権移転外ファイナンス・リース取引に係るリース資産
リース期間を耐用年数とし，残存価額を零とする定額法

(4) 長期前払費用　定額法

5　繰延資産の処理方法

社債発行費は，支出時に全額費用として処理している。

6　引当金の計上基準

(1) 貸倒引当金

債権の貸倒損失に備えるため，一般債権については貸倒実績率により，貸倒懸念債権等特定の債権については個別に回収可能性を検討し，回収不能見込額を計上している。

(2) 完成工事補償引当金

完成工事に係る瑕疵担保等の費用に備えるため，当事業年度の完成工事高に対し，前2事業年度の実績率を基礎に将来の支出見込を勘案して計上している。

(3) 工事損失引当金

受注工事に係る将来の損失に備えるため，当事業年度末における未引渡工事の損失見込額を計上している。

(4) 退職給付引当金

従業員の退職給付に備えるため，当事業年度末における退職給付債務の見込額に基づき計上している。

退職給付債務の算定にあたり，退職給付見込額を当事業年度末までの期間に帰属させる方法については，給付算定式基準によっている。

数理計算上の差異は，各事業年度の発生時における従業員の平均残存勤務期間以内の一定の年数（10年）による定額法により按分した額を，それぞれ発生の翌事業年度から費用処理又は費用の減額処理をすることとしている。

(5) 関係会社事業損失引当金

関係会社の事業の損失に備えるため，関係会社に対する出資金額及び貸付金額等を超えて，当社が負担することとなる損失見込額を計上している。

7 収益及び費用の計上基準

主要な事業における主な履行義務の内容及び当該履行義務を充足する通常の時点（収益を認識する通常の時点）は以下のとおりである。

(1) 建設事業

土木建築及び機器装置その他建設工事全般について，工事請負契約等を締結の上，施工等を行っており，完成した建設物等を顧客に引き渡す履行義務を負っている。

当該契約について，約束した財又はサービスに対する支配が顧客に一定の期間にわたり移転する場合には，当該財又はサービスを顧客に移転する履行義務を充足するにつれて一定の期間にわたり収益を認識する方法を採用しており，履行義務の充足に係る進捗度の測定は，主として各期末までに発生した工事原価が，予想される工事原価の合計に占める割合に基づいて行っている。

(2) 開発事業等

不動産開発全般及び意匠・構造設計，その他設計，エンジニアリング全般について，不動産売買契約・業務委託契約等を締結の上，業務等を行っており，役務の提供又は物件・成果品の顧客への引渡し等の履行義務を負っている。

当該契約について，約束した財又はサービスに対する支配が顧客に一定の期間にわたり移転する場合には，当該財又はサービスを顧客に移転する履行義務を充足するにつれて一定の期間にわたり収益を認識する方法を採用しており，それ以外の場合には，一時点で充足される履行義務であると判断し，物件・成果品の引渡し時点において収益を認識している。一定の期間にわたり収益を認識する方法を採用している場合の履行義務の充足に係る進捗度の測定は，主として各期末までに発生した原価が，予想される原価の合計に占める割合に基づいて行っている。

なお，建設事業及び開発事業等において，契約における取引開始日から完全に履行義務を充足すると見込まれる時点までの期間がごく短い契約については代替的な取扱いを適用し，一定の期間にわたり収益を認識せず，完全に履行義務を充足した時点で収益を認識している。

8　ヘッジ会計の方法 ……………………………………………………

(1)　ヘッジ会計の方法

原則として繰延ヘッジ処理によっている。

なお，為替予約及び通貨スワップについては振当処理の要件を満たしている場合は振当処理に，金利スワップについては特例処理の要件を満たしている場合は特例処理によっている。

(2)　ヘッジ手段とヘッジ対象

（ヘッジ手段）	（ヘッジ対象）
為替予約	外貨建金銭債権債務及び外貨建予定取引
通貨スワップ	外貨建金銭債権債務及び外貨建予定取引
金利スワップ	借入金及び社債等

(3)　ヘッジ方針

当社の内部規程である「デリバティブ取引の取扱基準」及び「リスク管理要領書」に基づき，為替変動リスク及び金利変動リスクをヘッジしている。

(4)　ヘッジ有効性評価の方法

為替予約及び通貨スワップについては，ヘッジ対象とヘッジ手段の重要な条件が一致していることを事前テストで確認し，また四半期毎に当該条件に変更がないことを事後テストで確認している。

なお，外貨建予定取引については，過去の取引実績等を総合的に勘案し，取引の実行可能性が極めて高いことを事前テスト及び事後テストで確認している。

金利スワップについては，事前テスト及び事後テストにより，ヘッジ対象とヘッジ手段の過去の変動累計（おおむね5年間程度）を比率分析によって評価し，ヘッジ有効性を確認している。

ただし，ヘッジ手段とヘッジ対象に関する重要な条件が同一であり，ヘッジ開始時及びその後も継続して相場変動又はキャッシュ・フロー変動を完全に相殺するものと想定することができる場合には，有効性の判定は省略している。

(5)　その他

信用リスク極小化のため，デリバティブ取引の契約先はいずれも信用力の高い国内外の金融機関に限定している。

9　その他財務諸表作成のための基本となる重要な事項

(1)　退職給付に係る会計処理

退職給付に係る未認識数理計算上の差異の会計処理の方法は，連結財務諸表における会計処理の方法と異なっている。

(2)　消費税及び地方消費税に相当する額の会計処理

税抜方式によっている。

(3)　連結納税制度の適用

連結納税制度を適用している。

(4)　関連する会計基準等の定めが明らかでない場合に採用した会計処理の原則及び手続

複数の企業が一つの建設工事等を受注・施工することを目的に組成する共同企業体（ジョイントベンチャー）については，個別の組織体として認識せず，共同企業体に対する出資割合に応じて当社の会計に取り込む方法により完成工事高及び完成工事原価を計上している。

（重要な会計上の見積り）

約束した財又はサービスを顧客に移転する履行義務を充足するにつれて一定の

期間にわたり収益を認識する方法（以下，いわゆる「工事進行基準」という。）に係る工事収益総額，工事原価の合計及び進捗度の見積り

1　当事業年度の財務諸表に計上した金額

（単位：百万円）

	前事業年度	当事業年度
工事進行基準による完成工事高	1,113,270	1,301,837
工事進行基準による完成工事原価	988,015	1,167,737
工事損失引当金	13,790	14,560

2　識別した項目に係る重要な会計上の見積りの内容に関する情報

工事進行基準による完成工事高については，主として予想される工事原価の合計を基礎として当事業年度末までに発生した工事原価に応じた進捗度に，予想される工事収益総額を乗じて算定している。予想される工事収益総額及び工事原価の合計の見積りについては，工事着工段階において実行予算を編成し，着工後の各期末においては工事の現況を踏まえて見直しを実施するとともに，進捗度については，主として各期末までに発生した工事原価が，予想される工事原価の合計に占める割合に基づいて見積もっている。当該見積りは，今後の工事の進捗に伴い，施工中の工法変更や施工範囲の変更等に伴う設計変更・追加契約の締結，資材・外注費等に係る市況の変動及び条件変更に伴う外注費の変動等によって影響を受ける可能性があり，翌事業年度の財務諸表において，完成工事高，完成工事原価及び工事損失引当金の金額に重要な影響を及ぼす可能性がある。

（会計方針の変更）

（「収益認識に関する会計基準」の適用）

「時価の算定に関する会計基準の適用指針」（企業会計基準適用指針第31号2021年6月17日。以下「時価算定会計基準適用指針」という。）を当事業年度の期首から適用し，時価算定会計基準適用指針第27－2項に定める経過的な取扱いに従って，時価算定会計基準適用指針が定める新たな会計方針を将来にわたって適用することとした。なお，当事業年度において，財務諸表に与える影響は軽微である。

第2章

建設・不動産業界の“今”を知ろう

企業の募集情報は手に入れた。しかし，それだけではまだ不十分。企業単位ではなく，業界全体を俯瞰する視点は，面接などでもよく問われる重要ポイントだ。この章では直近1年間の建設・不動産業界を象徴する重大ニュースをまとめるとともに，今後の展望について言及している。また，章末には建設・不動産業界における有名企業（一部抜粋）のリストも記載してあるので，今後の就職活動の参考にしてほしい。

▶▶夢のあるまちづくり・住まいづくり

建設・不動産 業界の動向

建設・不動産は「建物」に関する業界で，「建設」「戸建て」「マンション」「住宅設備・機器」「建材」「リフォーム」「不動産」「不動産管理」などに大別される。

❖ 建設業界の動向

ゼネコン（総合建設会社）が請け負う工事は，道路や橋，ダムなどインフラにかかわる「土木」と，ビルや住宅を造る「建築」に分類される。大林組・鹿島・清水建設・大成建設・竹中工務店の大手五社は，単体での売上げが1兆円を超える規模から「スーパーゼネコン」と呼ばれる。

災害復興や東京五輪，大型再開発が追い風となり，近年の建設業界は好調が続いていた。東京五輪や都市部の再開発，リニア新幹線，大阪万博と大規模需要が見込まれていたが，コロナ禍によりこうした好調の動きは終わりを迎えた。

コロナ禍がひと段落し，首都圏の再開発案件や物流施設の新設など，建設需要自体は高まっているが，受注競争が熾烈になり，加えて資材高も業界を圧迫。担い手不足や高齢化も業界全体が抱える課題となっている。

●働き方改革と生産性の向上が課題に

建設業界にとって，大きな課題は職人の高齢化および人手不足である。2022年度，建設現場で働く技能労働者は約305万人（日本建設業連合会調べ）で，近い将来には300万人を割り込む可能性が指摘されている。過酷な労働イメージから若者離れが進んだことが原因である。そこで日建連は，2025年までに新規入職者90万人の確保と，技術革新による35万人分の省人化を目標として掲げている。現場の働き方改革も必須で，業界では，社会保障を含む待遇の改善，就業時間短縮，週休2日制の定着といった動きが広がり始めた。

それと同時に，ロボットや人工知能（AI），情報通信技術（ICT）を活用した重機の導入，工事工程の効率化など，質的改善を含めた生産性向上への取り組みにも，業界をあげて力を注いでいる。2016年4月，国土交通省は土木工事にICT（情報通信技術）を活用する基準「アイ・コンストラクション（建設生産性革命）」の導入を表明し，重機メーカーもICT対応製品・サービスの開発を進めたため，環境も整備されてきている。たとえば，コマツは，掘削から整地までのブレード操作を自動化したブルドーザや掘削時に設定された設計面に達すると自動停止するショベルなどを商品化している。また，DOXEL社からは，ドローン，3Dレーザースキャナを搭載したロボットにより自動で工事現場の点群データを集積・解析。その結果をBIMデータと照らし合わせることで，現場の進捗状況を報告してくれる商品が出ている。

❖ 不動産業界の動向

ビル賃貸やマンション分譲，商業施設の開発・運営などを幅広く手掛けるディベロッパーには，三井不動産，三菱地所，住友不動産，東急不動産ホールディングスの大手4社，森ビル，野村不動産ホールディングス，東京建物などが名を連ねる。これらのディベロッパーは，超低金利を背景とした融資環境の後押しもあり，近年は旺盛な投資意欲を見せている。

国が容積率などを緩和する国家戦略特区（都市再生特別地区）を都心の主要な地域に指定しているため，指定地区では大規模なオフィスビル・複合ビルの建設が相次いでいる。2017年4月，三菱地所は総額1兆円を投じて，東京駅の北側で大規模開発をスタートさせた。この事業の中心は，高さ日本一となる超高層ビルで，2027年度の完成を目指している。また，同駅の八重洲地区では，三井不動産と東京建物が，それぞれ再開発を進めており，渋谷駅では東急不動産が参画した「渋谷ストリーム」が開業。2019年11月には渋谷エリアでは最も高い地上47階建ての「渋谷スクランブルスクエア」が開業した。森ビルは2014年に開業した「虎ノ門ヒルズ」の隣接地区に，3つの高層ビルを中心とした大規模プロジェクトを計画中で，これには地下鉄日比谷線の新駅も含まれる。

不動産業界において，新型コロナウイルスの影響は軽微だったと見られている。テレワークの普及によりオフィスの解約や縮小の動きが進んだ一方で，不動産大手が持つ都心の大型ビルの需要は底堅かった。また，不動産の売買も活発であり，海外投資家を中心に物流施設や賃貸住宅が積極的に取得された。

●新しい働き方にどのように対応していくか

ビル賃貸事業は，新型コロナウイルスの影響により好調な状況にストップがかかった。オフィスビル空室率は，5%を下回ると賃料に上昇傾向が見られるが，東京都心5区（千代田，中央，港，新宿，渋谷）の空室率は，2023年6月で6.48%となっている。空室率のピークは一時期に比べて緩やかになってきており，一時はテレワーク中心の体制にしたものの、オフィスが足りなくなり再び契約するという動きもある。

変化の著しいオフィス需要だが，長期的にみれば，少子化による労働人口の減少も想定されるため，多くのディベロッパーは新しい事業にも着手している。eコマース（電子商取引）や省人化投資に伴って需要が高まった大型／大型マルチテナント型物流施設には，三菱地所，三井不動産，野村不動産などの大手や大和ハウスなどハウスメーカー系も積極的に参入している。また，海外展開も盛んで，三井不動産は2021年に，商業施設「ららぽーと」を上海に開業。次いで2022年にマレーシアと台湾でも開業した。台湾では2026年をめどに3施設目も開業予定だ。すでにマレーシアで開業しているアウトレットパークのインドネシア，フィリピン，タイへの展開も検討している。また，ニューヨークで開発中だったオフィスビルが完成。同地区のもう1棟を合わせた投資額は5500億円となっている。ニューヨークでは，東急不動産も複合ビルの再開発事業に参画。三菱地所はバブル期に買収した米ロックフェラーグループを通じて既存の大型オフィスビルを大規模改修し，賃料アップを狙っている。

❖ 戸建て業界の動向

戸建て住宅には，客の注文に応じて建てる注文住宅や設計・施工後に販売する分譲住宅がある。大手10社でもシェアは3割程度と，地域密着の工務店もがんばっている。

2022年度の新設住宅着工戸数は前年比0.6%減の86万828戸，そのうち戸建て数は7.5%減の39万7556戸であった。注文住宅は木材や鋼材などの価格高騰により建築コストが上昇した影響を受けた形となる。テレワークの普及により，広さを求めて賃貸マンションから戸建て住宅に移る動きもひと段落し，オフィス回帰の動きが進んだことも一因と考えられる。

●ゼネコンとの連携，異業種からの参入も始まる

ゼネコンの受注許容量が逼迫していることを受け，これまでゼネコンが手掛けていた案件を住宅メーカーが請けるチャンスも増えている。こういった流れのなか，ゼネコンとの資本提携やゼネコンを買収するメーカーも出ている。大和ハウスは準大手ゼネコンのフジタを100%子会社にし，マンションのコスモスイニシアへの出資も行っている。積水ハウスは，鴻池組の親会社鳳ホールディングスへ，旭化成ホームズは森組にそれぞれ出資している。住友林業と熊谷組は相互に出資を実施するなど，相互の関係を深めつつ，ゼネコンの守備範囲に食い込んでいる。

また，近年は業界内の再編も進んでいる。トヨタホームは約110億円を投じて，ミサワホームを子会社化した。2017年10月には，パナソニックがパナホームを完全子会社化し，家電から住宅部材まで手がける幅広い商品力で，他社との差別化を図る。2018年には，ヤマダ電機がヤマダ・エスバイエルホームを完全子会社化するなど，住宅業界以外企業による買収も行われている。

❖マンション業界の動向

不動産経済研究所によれば，2022年における全国の新築マンション発売戸数は，前年比5.9%減の7万2967戸と前年を下回った。平均価格は5121万円で，こちらは6年連続で最高値を更新した。これは，地価と建築費の高騰が要因となっている。首都圏の平均価格は7700万円を突破。価格高騰にもかかわらず堅調な販売を見せている。都内では大型の再開発が進み，マンション用地の確保に高い費用がかかことから価格下落に転じる気配は薄いと見られる。また，工事現場の職人も不足しており，建設コストの上昇がそのまま値段に転嫁，反映される状況が続いている。そのため，購入希望者の一部は戸建て物件や中古物件に流れており，新築マンションの売れ行きが悪化している。そこで，マンション業界各社は，仲介事業や中古物件の販売など，ストックビジネスに力を注ぐ方針を示している。また，新

型コロナウイルスの影響により，リモートワークの普及に伴う住宅ニーズの変化も起きてきている。今後のトレンドの変化にいかに上手く迎合していくかが課題となっている。

●タワーマンションの増加で，インフラ整備に課題も

近年は，共働きや高齢者の世帯が増え，住宅購入に際して，立地条件の利便性がとくに重視されるようになった。そのため，駅直結や徒歩5分以内で低層階に商業施設の入った，一体開発型のマンションは増加傾向にある。都内の有明や豊洲といった湾岸地区や千葉県の津田沼，相互乗り入れで多くの路線が使えるようになった武蔵小杉で，新たなタワーマンションの建設が進んでいる。

しかし，高層階ほど安全性や耐久性に疑問が残ること，修繕費の高さと戸数の多さなどから大規模修繕が難しいことなど，課題も残っている。また，急速な人口の流入で，小学校が不足したり，通勤通学時に駅のホームが大混雑するなど，地域のインフラ整備の課題も浮き彫りになってきている。現に2019年10月に上陸した台風19号により，武蔵小杉のタワーマンションは大きな被害を受け，その模様は全国的なニュースとして報道された。

建設・不動産業界

直近の業界各社の関連ニュースを
ななめ読みしておこう。

万博の建設費、大阪府・市の負担は最大780億円に

2025年国際博覧会（大阪・関西万博）の会場建設費が従来計画から最大500億円上振れることになった。増額は20年以来2度目で、大阪府と大阪市の負担額は約780億円と当初計画から360億円ほど膨らむ見通し。追加の公費負担にはより丁寧な説明責任が求められる。

会場建設費は運営主体・日本国際博覧会協会（万博協会）が発注するメイン会場や大催事場などの整備に充てられる。資材高や人件費の高騰を背景に各工事の契約金額が当初予定を上回る事例が相次ぎ、全体の建設費は最大2350億円と500億円上振れることになった。

建設費は政府と大阪府・市、経済界が3分の1ずつ負担する仕組みで、この原則通りならば3者の負担は最大で167億円ずつ増える。協会は来週中にも政府や府・市、経済界に追加負担を要請するとみられる。

政府は月内に決める23年度補正予算案に万博関連経費を計上する方針。府・市や経済界も受け入れる場合は追加の財源確保が今後の課題となる。

会場建設費は誘致時点で1250億円だったが、会場デザインの変更などで20年に1850億円に増額した経緯がある。大阪府議会や大阪市議会はその後、さらなる増額が発生した場合、国が対応するよう求める意見書を可決した。

今年9月にも地域政党・大阪維新の会の府議団が吉村洋文知事に対し、増額分を国に負担してもらうよう要望しており、予算措置にはまず議会側の同意が壁となる。公費負担が膨らむため住民からの反発も予想されるが、大阪市幹部は「3分の1ずつの負担割合は守らないといけない」と強調する。

経済界は企業からの寄付で建設費を賄っており、今回の増額により追加の寄付が発生する可能性がある。だが建設費とは別に、在阪企業には万博の前売り入場券の購入も求められており、ある経済界関係者は「これ以上の負担にはついていけない」とこぼす。
関西の経済界では、1970年大阪万博の収益金を基につくられた基金の一部を取り崩し、増額分に充てる案も浮上しているが、内部に反対論もあり実現するかは見通せない。
大阪・関西万博を巡っては、海外パビリオンの建設遅れも課題となっている。自前で施設を用意する「タイプA」から万博協会が用意する建物に複数の国が入る「タイプC」に移行する出展国が計2カ国となったことも判明した。これまで欧州のスロベニアが移行することが明らかになっていた。
協会はタイプAの出展国に対し、日本側がゼネコンとの交渉や発注を担う「タイプX」を提案し、9カ国が関心を寄せているという。海外パビリオンは「万博の華」ともいわれ、協会は引き続き参加国に準備の加速を求める。
（2023年10月7日　日本経済新聞）

建設業の賃金、低すぎなら行政指導　24年問題で国交省

国土交通省は建設業の賃金のもとになる労務費の目安を設ける。とび職や鉄筋工などを念頭に職種ごとに標準的な水準を示す。ゼネコンなどが下請け企業に著しく低い単価を設定している場合に国が勧告など行政指導する仕組みも検討する。建設業の賃上げを促し、人手不足の解消につなげる。建設業界では時間外労働に上限規制を適用する「2024年問題」への対応も課題となっている。
今秋にも国交省の中央建設業審議会で対策の方向性をまとめる。24年の通常国会での建設業法の改正をめざす。審議会のもとに作業部会を立ち上げ、基準の詳細をつめる。
建築現場で働く技能者の業務の種類ごとに「標準労務費」を提示する。現在、国や地方自治体が発注する公共工事は労働市場の実勢価格などを反映した労務単価を職種別、都道府県別に公表している。毎年実施する全国調査に基づいて水準を決める。
こうした仕組みを念頭に、工事の受注業者と下請け業者間など民間の受発注の基準についても定める方向だ。
基準を著しく下回る労務費の設定は禁じる。違反した場合は違反勧告の対象とする。建設業者が極端に短い工期とすることを防ぐための方策も盛り込む見通しだ。デベロッパーといった建設の発注元となる企業は専門性の高い現場業務を工事会社などに発注することが多い。業務を請け負う技能者は日雇いが中心で、賃金水

準が低いといった課題が指摘される。
国が職種ごとに労務費の相場観を示すことで、建設業者側が技能者の労務費を削って赤字でも受注するような事態を回避する狙いもある。
建設業界では人手不足や高齢化が深刻となっている。22年時点の建設業の就業者数は479万人で、ピーク時の1997年から30%減った。時間外労働の規制を強化する「2024年問題」が人手不足に追い打ちをかける恐れもある。適正な水準に賃金を底上げし、人材を確保しやすいようにする。

（2023年8月20日　日本経済新聞）

ゼネコン8割でベア、人材確保急ぐ　残業規制が背中押す

労働力不足が慢性化している建設業界で、約8割のゼネコンが毎月の基本給を一律に引き上げるベースアップ（ベア）を2023年春の労使交渉で決めたことがわかった。大手5社も6年ぶりにベア実施で足並みをそろえた。24年から建設業界で時間外労働の上限規制が適用されることから、各社は待遇改善による人材確保を急いでいる。国が政府入札での賃上げ実施企業を22年から優遇していることも背景にある。
ゼネコン35社の労働組合が加盟する日本建設産業職員労働組合協議会（日建協）がまとめた23年春季労使交渉の中間報告で明らかになった。回答した31社のうち83%の26社がベアを決めた。
ベアの加重平均は6843円（1.58%）と前年度の3923円から大幅に引き上げた。日建協非加盟の大手4社（鹿島、大林組、大成建設、竹中工務店）でもベアを実施した。清水建設を加えた大手5社が一斉にベアを実施したのは6年ぶりだった。
31社中、26社が定期昇給とベア、4社が定昇のみ、1社が回答が未集計という。30社の引き上げ額は加重平均で2万371円（4.8%）と、前年度の1万3842円から7000円近く引き上げた。
建設業では鉄骨などの主要建材の価格が21年から22年にかけて高騰しており、ゼネコン各社の利益を圧迫する。上場する大手・準大手13社の23年3月期の連結売上高の合計は前の期比で11%増だった一方で、純利益では微減だった。手持ち工事の採算も悪化しており、赤字が見込まれる工事で計上する工事損失引当金は、13社の23年3月末時点の残高合計は22年3月比で43%増の2511億円と10年で最大だった。

業績が不透明感を増しているにもかかわらず、各社が大幅な賃上げに踏み切ったのには理由がある。ひとつは現場労働力の確保だ。24年度から働き方改革関連法に基づく時間外労働の上限規制の適用猶予が撤廃される。現在の労働力だけでは工期の遅れを招きかねない。新たな人材の確保が急がれる。

加えて建設業の構造的な人材不足もある。国土交通省によると22年度の建設業従事者（平均）は479万人と、1997年度の685万人から3割以上落ち込んだ。

一方で建設需要は旺盛だ。半導体などの設備投資や都心再開発、国土強靭（きょうじん）化に伴う大型土木工事などの施工量は潤沢だ。日本建設業連合会（東京・中央）によると、22年度の国内建設受注額は21年度比8.4%増の16兆2609億円と、過去20年で最高となった。現場の繁忙度合いが高まるなか、人材確保やつなぎ留めに向けた待遇改善は不可欠だ。

もうひとつの要因が国の賃上げ実施企業への公共工事における優遇策だ。22年4月から、公共工事に適用される総合評価入札で大企業で3%以上、中小企業で1.5%以上の賃上げを表明した業者を5～10%程度加点する措置が敷かれている。土木が中心となる公共工事の受注に大きな影響があることから、23年度も各社で引き続き3%以上の賃上げ水準を維持している。

22年度は日建協に労組が加盟するゼネコン33社のほか、鹿島など日建協非加盟の大手ゼネコン4社でも3%以上の賃上げを実施している。

初任給についても、日建協調査では71%の22社で引き上げられ、このうち19社では会社提示によるものだった。日建協は標準ラインとして24万円台を提示するが、23年度は25万円台が最も多く14社に上ったほか、26万円台も3社あった。日建協非加盟の大手4社でも初任給を引き上げており、日建協は「各社の人材獲得の動きが如実に表れた」と分析する。またピーエス三菱は4月に、正規従業員や契約社員1219人に月給の1カ月半相当となるインフレ特別支援金を支給している。

日建協は「昨年度に引き続き、企業業績よりも政策や社会情勢によって賃上げの大きな流れが作られた」とみる。24年の春季労使交渉に向けては、日建協で策定している個別賃金を改定し、物価上昇などを反映するという。

（2023年8月2日　日本経済新聞）

日建連、原則週休２日で工期見積もり　24年問題対応で

日本建設業連合会（日建連、東京・中央）は21日、加盟するゼネコンが民間建築工事の発注者に見積もりを提出する際に、現場を週2日閉じる「4週8閉所」を原則にするよう求めた。2024年４月から時間外労働の上限規制が適用される「2024年問題」に備える。建設業界で人手不足が深刻化する中、工期がこれまでより延びる可能性もある。

発注者に最初に提出する見積もりの段階で、４週８閉所と週40時間稼働を前提とした工期設定を原則とする。発注者から完成時期を指定されて対応が難しい場合は、作業員の増員などが必要になるとして価格引き上げへの理解を求める。

公正取引委員会から独占禁止法に抵触する恐れがない旨を確認して、21日開催された理事会で決議された。同日以降の受注で会員企業の対応を求める。

働き方改革関連法に基づき、建設業の時間外労働は24年４月から原則で年360時間、労使合意があっても720時間の上限が課され、違反企業には罰則も科される。21日に日建連が発表した調査では、回答があった会員81社の非管理職のうち、時間外労働が360時間を超えた者が22年度は約６割にのぼった。

日建連は労働時間削減に向け、４週８閉所を24年度までに全現場で達成する目標を掲げる。ただ、同日発表した調査では、回答があった会員企業99社での実施率は22年度通期で42.1％どまりだった。

蓮輪賢治副会長（大林組社長）は「特に民間建築で４週８閉所が定着しておらず、人材確保の観点として危機感を抱いた」として、業界で足並みをそろえる考えを示した。日建連は鹿島や清水建設など大手から中堅までゼネコン141社が加盟する。

（2023年７月21日　日本経済新聞）

不動産ID、年内にデータベース　住宅取引や物流で活用

政府は土地や建物など不動産ごとに識別番号を割り振る「不動産ID」のデータベースを年内に整備する。まず440市区町村で運用を始める。官民が収集した物件情報や災害リスクを一元的に把握できるようにし、まちづくりや不動産

取引、物流などを効率化する。
不動産IDは2022年に導入した。17ケタの番号によって戸建てやマンション、商業ビルを部屋単位で識別できる。物件ごとに原則1つのIDを配分する。
国土交通省は登記情報を持つ法務省やデジタル庁と連携して「不動産ID確認システム（仮称）」を整え、夏ごろに運用を始める。
23年度中に任意で選んだ全国440市区町村をシステムに接続。各地方自治体が開発規制やハザードマップといった公的データをひもづけできる仕組みを検討する。
利用者はシステムに住所や地番を入力して不動産IDを取得する。このIDを使って各自治体が関連づけたデータを使う。
不動産業者が物件を査定する際、現状は建物の建築規制や電気・ガスの設備状況などを複数の窓口で確認する必要がある。これらデータを一度に入手できれば、業務の効率化や中古物件の取引などが迅速になる。
物流サービスへの活用も期待される。ドローンで大量の荷物を複数地点に配送する場合、IDをもとにした地図情報で効率が良いルートを選べるようになる。自動運転車での配送にも生かせる見通しだ。
自治体の住宅政策でも利用できる。世帯ごとの水道利用の有無などを把握し、空き家かどうかを素早く判断できる。放置空き家の管理を強化し、民間事業者の中古取引を仲介することが可能になる。
千代田区や港区といった東京都の17区のほか、札幌市、さいたま市、京都市、高松市などが当初に入る見込み。早期に1700ほどの全市区町村に広げる。
国交省は30日に業界横断の官民協議会を設置する。不動産や物流、損害保険業界などが参加する見通し。
政府は23年夏にも公的機関による社会の基本データ「ベース・レジストリ」にIDを指定する方針だ。不動産分野でマイナンバー並みの位置づけになる。
不動産IDの普及のカギを握るのが民間事業者が持つデータとの連携だ。不動産業界にはすでに物件情報を集めた「レインズ」と呼ぶシステムがある。政府は24年1月から任意でレインズにID情報を接続できるようにする。

（2023年5月30日　日本経済新聞）

ハウスコム、潜在ニーズ分析し理想物件を提案

不動産賃貸仲介のハウスコムは人工知能（AI）を活用した新たな部屋探しの提

案サービスを始めた。複数の質問の回答から顧客の嗜好を分析し、潜在的なニーズも推測した上で好みに合致しそうな候補物件を提案する。新型コロナウイルスの発生後、若い世代を中心にネットを使った検索が一段と増えており、部屋探しで新しい体験価値を提供して店舗を訪れるきっかけにもする。

サービス名は「Serendipity Living Search」。ハウスコムが蓄積した顧客情報や購買データを生かし、不動産の売買価格をAIで素早く査定するシステムを手掛けるSREホールディングスの技術と組み合わせた。ハウスコムによると、こうしたサービスは不動産業界で初めてという。

特徴はサービスの利用者と属性の近い集団の嗜好パターンをAIが分析し、様々な物件の中から好みとされる候補を提案する点だ。

利用者は専用サイトで年齢や年収のほか、自宅や勤務先の最寄り駅などの質問に回答する。AIが回答に基づき、特徴の異なる物件を10件ほど表示する。最初に表示された物件の中から自分の好みに合う物件を1つ以上選んでお気に入りに登録すると、AIが利用者の好みにより近いと思われる物件を探し、再び一覧で表示する。

従来は入居検討者が希望する条件や要望を指定し、条件を基に候補を検索することが多かった。好みの物件に出合うことがある半面、検討者によっては理想の物件を見つけるまでに条件の細かな変更を余儀なくされる。新サービスは利用者の潜在的なニーズに合致する可能性のある候補まで幅広く提案し、「予想外の発見」を提供していく。

新サービスの利用料は無料。当初は東京を中心とした首都圏を対象に対応し、主に1980～90年代生まれのミレニアル世代の利用を見込む。サービス・イノベーション室の西山玲児係長は「デジタルトランスフォーメーション（DX）により部屋探しの方法が変化するなか、新サービスは顧客との接点になる」と説明する。

ハウスコムは部屋探しにおける新たな体験を提供することで自社の認知度を高め、ファンを増やす狙いだ。新サービスの利用を通じ、現在全国で約200ある店舗に足を運ぶきっかけ作りと期待する。サービスの精度を向上しつつ、実施するエリアの拡大を検討していくという。

不動産業界はDX化が金融業などと比べ遅れていたが、新型コロナの影響で変わり始めた。分譲マンション販売ではモデルルームに出向くことなくオンラインで内見でき、契約業務や書類の電子化が進む。野村不動産は2022年秋、メタバース（仮想空間）で住宅購入の相談ができるサービスを始めた。顧客の利便性を高めて体験価値を提供する知恵比べが強まっていきそうだ。

（2023年3月15日　日本経済新聞）

公共工事の労務単価5.2%引き上げ　11年連続で最高

国土交通省は14日、国や地方自治体が公共工事費の見積もりに使う労務単価を3月から全国全職種平均で前年3月比で5.2%引き上げると発表した。現行の算定方式による引き上げは11年連続で過去最高を更新した。建設・土木業界での人手不足が続いていることを受け、賃上げの動きが広がっていることを反映した。
労務単価は毎年、土木や建設などの51職種の賃金を調べて改定している。全国全職種平均の上昇幅が5%を超えたのは14年（7.1%）以来9年ぶり。労働者が受け取るべき賃金をもとに1日あたり8時間労働で換算した場合、3月からの新たな単価は2万2227円となる。
とび工や鉄筋工など主要12職種では平均で5%の引き上げとなる。斉藤鉄夫国交相は14日の閣議後の記者会見で、「技能労働者の賃金水準の上昇につながる好循環が持続できるよう、官民一体となった取り組みの一層の推進に努める」と述べた。

（2023年2月14日　日本経済新聞）

現職者・退職者が語る 建設・不動産業界の口コミ

※編集部に寄せられた情報を基に作成

▶労働環境

職種：営業　　年齢・性別：20代後半・男性

・21時にパソコンが強制終了するので，その後は帰りやすいです。
・ダラダラやる人はパソコンが切れた後も何かしら雑務をしています。
・アポイントがあれば休日出勤もありますが，あまりありません。
・上司によっては休日に働くことが美学の人もいて部下が困ることも。

職種：機械関連職　　年齢・性別：30代後半・男性

・OJT研修の期間も長く，社員育成に十分力を入れていると思います。
・上司との面談も多く，失敗しても次頑張ろう，という雰囲気です。
　社員のモチベーションアップが会社のテーマとなっています。
・個人個人の意欲を高めるためにチーム編成で課題に取り組むことも。

職種：個人営業　　年齢・性別：20代後半・男性

・研修制度が整っていて，新入社員研修もしっかりとしています。
・スキルアップのために定期的にセミナーや勉強会にも参加できます。
・無料で宅建の講座を受けることができます。
・キャリア面談が定期的にあり，自分の考えを上司に伝えやすいです。

職種：個人営業　　年齢・性別：20代後半・男性

・結果を残せばそれに見合った報酬を受け取ることができます。
・昇進・昇給は主には成果と勤務年数に応じてされているようです。
・現場でのコミュニケーションはとても大事だと思います。
・人間関係を丁寧に業務に取り組めば，正当に評価されると思います。

▶福利厚生

職種：電気/電子関連職　　年齢・性別：20代後半・男性

・大手ビル管理会社の中でも福利厚生はかなり良いと感じます。
・宿泊施設が安く利用できたり，系列施設の利用特典もあります。
・部活動なんかもありますが，部署によって環境は変わるようです。研修もしっかりしていて，電気資格やビル管の講習などもあります。

職種：個人営業　　年齢・性別：20代後半・男性

・大手なだけあって福利厚生はしっかりしています。
・キャリアアップ，資格取得に対してのバックアップも抜群です。
・グループのホテルやジム等を安く使えるので，とても便利です。
・住宅購入の際は，多少割引きがあります。

職種：法人営業　　年齢・性別：20代後半・男性

・福利厚生に関してはとても恵まれていると感じました。
・家賃補助は特に手厚く，新卒で東京に赴任した時は助かりました。
・有給も比較的取りやすく感じましたが，上司や部署によるようです。
・有給の取得基準がバラバラなので統一すればいいのにと思います。

職種：不動産管理・プロパティマネジャー　　年齢・性別：20代後半・男性

・福利厚生の中でも特に住宅補助は充実していると思います。
・35歳までは賃貸だと独身で3万円，既婚で6万円の住宅補助が出ます。
・持ち家であれば年齢制限はなく３万円が一律で支給されます。
・電車通勤出来る場所に実家があっても，住宅補助は出ます。

▶仕事のやりがい

職種：法人営業　　年齢・性別：20代後半・男性

・地権者交渉はとてもやりがいを感じます。
・複数の地権者を集めて大きな用地とする交渉はとても面白いです。
・地権者一人一人の背景から，今後期待される事を読み取ります。
・地権者側の希望とこちらの希望がマッチした時は達成感があります。

職種：個人営業　　年齢・性別：20代後半・男性

・給料や福利厚生も申し分なく，働く環境は整っています。
・百億単位の仕事を手がけられるので，やりがいは十分だと思います。
・社員の意識も高いので切磋琢磨し自己の能力を向上していけます。
・内需型から，今後は海外へシフトできるかが課題だと思います。

職種：個人営業　　年齢・性別：30代後半・男性

・お客様から契約が取れた時に，やりがいを感じます。
・営業活動のやり方は自分次第なので，いろいろ方法を考えます。
・自分なりのアプローチの仕方で契約を取れた時は本当に面白いです。
・ノルマもあるので大変ではありますが，その分達成感も大きいです。

職種：個人営業　　年齢・性別：20代後半・男性

・営業で結果を出せば多くの手当がもらえるのでやりがいがあります。
・契約が増えていくと，オーナー様からの紹介も増えてきます。
・経験が増えるほど確実に仕事がしやすくなっていきます。
・何よりお客様が満足し，感謝されることに大きな喜びを感じます。

▶ブラック？ホワイト？

職種：代理店営業　　年齢・性別：20代後半・男性

・以前は残業はみなしでしたが，現在では残業代が支給されます。
・残業の申請には周りの空気を読む必要があります。
・残業代が出ている今の方が以前よりも手取りベースでは減額です。
・お客様都合のため，休日出勤もアポイントがあれば出社となります。

職種：個人営業　　年齢・性別：30代後半・男性

・とにかく数字が人格，数字さえあれば何をしても許される社風です。
・早く帰れていいのですが，最近は21時で強制的に電気が消えます。
・数字がないと会社に居づらい感じになり，辞める人は多いです。
・残っている人は家庭を顧みず働くので，離婚率も高いような気が。

職種：建設設計　　年齢・性別：20代後半・男性

・みなし残業がつきますが，実際はその3倍以上は残業をしています。私の在籍している支店では21時半前に帰る人はほとんどいません。
・優秀と言われる人は，休日もプランなどを練っている人が多いです。ほとんどプライベートは無いと思った方が無難かと。

職種：個人営業　　年齢・性別：20代後半・男性

・営業担当の苦労を理解できていない部署，担当者が多くて辛いです。
・会社の看板があるから営業は楽なはずと本気で思っている節が。
・ものづくりの会社だから技術者が大切なのは理解できますが，間接部門の年収より，営業部門の年収が低いのはやりきれません。

▶女性の働きやすさ

職種：電気/電子関連職　　年齢・性別：20代後半・男性

・女性の数はまだまだ少数であるため働きやすいとは言い難いです。
・男性主体の会社ですが，女性の活躍の場も年々増えてきてはいます。
・会社の決まりでセクハラ等にはかなり敏感になっています。
・管理職志望の女性は，この会社はあまり向いていないと思います。

職種：施工管理　　年齢・性別：20代前半・女性

・産休育休は上司の理解がないと厳しいですが，制度はあります。
・建設業界全体の状況としてあまり受け入れられない印象があります。
・住宅業界は男性のみならず，女性の視点も重要なのですが。
・今後はもっと上辺だけではない制度の改善が必要となるでしょう。

職種：コンサルティング営業　　年齢・性別：30代前半・男性

・現在，管理職に就いている女性の数は僅かです。
・最近は会社として積極的に女性の登用に力を入れています。
・男性が多い職場なので実績が残せれば，昇進しやすい環境かも。
・男社会なので細やかな指導を求めるのは難しいかもしれませんが。

職種：個人営業　　年齢・性別：30代後半・女性

・育児休暇制度もあり，出産後も3年間は時間短縮が適用されます。
・労働環境を向上させるため，男女同じように仕事を任されます。
・女性も営業成績によって，男性と同様のポジションが与えられます。
・女性の支店長も在籍しており，女性が差別されることはありません。

▶今後の展望

職種：個人営業　　年齢・性別：20代後半・男性

・東日本大震災以降は休みがあまり取れず毎日忙しい状況です。
・多くの人に信頼されているからこその仕事量だと思っています。
・将来に関してはまだまだ生き残れる業界だと言えるでしょう。
・他社よりも特化したものを提供できれば成長可能な会社です。

職種：販促企画・営業企画　　年齢・性別：20代後半・男性

・今後は介護分野，太陽光発電，海外展開が加速すると思います。
・条件の良い立地，土地オーナーとのめぐり合せが今後のカギに。
・ライバルの某社とは，少し毛色が違うため棲み分けは可能かと。
・既存事業も，まだまだ開拓の余地はあるかと。

職種：個人営業　　年齢・性別：30代後半・男性

・リフォームについていえば，まだ相場より高めでも受注は可能です。
・ただ，大手以外のリフォーム会社との競合も増えてきています。
・大型物件についても，中小企業が実力をつけてきているのも事実。
・今後戸建て住宅レベルでは，顧客の取り込みが難しくなるかと。

職種：個人営業　　年齢・性別：20代後半・男性

・戸建ての長寿命化で，建て替えのサイクルは確実に長くなります。
・建て替えからリフォーム需要の取り込みへシフトしています。
・他社より一歩出遅れてしまうスピード感のなさの改善が急務です。
・今後ニーズが多様化していく中どう対応していけるかだと思います。

●建設業界

会社名	本社住所
ショーボンドホールディングス	東京都中央区日本橋箱崎町７番８号
ミライト・ホールディングス	東京都江東区豊洲 5-6-36
タマホーム	東京都港区高輪３丁目 22 番９号 タマホーム本社ビル
ダイセキ環境ソリューション	愛知県名古屋市港区船見町１番地 86
安藤・間	東京都港区赤坂六丁目１番 20 号
東急建設	東京都渋谷区渋谷 1-16-14　渋谷地下鉄ビル
コムシスホールディングス	東京都品川区東五反田 2-17-1
ミサワホーム	東京都新宿区西新宿二丁目４番１号 新宿 NS ビル
高松コンストラクショングループ	大阪市淀川区新北野 1-2-3
東建コーポレーション	名古屋市中区丸の内２丁目１番 33 号　東建本社丸の内ビル
ヤマウラ	長野県駒ヶ根市北町 22 番１号
大成建設	東京都新宿区西新宿一丁目 25 番１号　新宿センタービル
大林組	東京都港区港南２丁目 15 番２号
清水建設	東京都中央区京橋二丁目 16 番１号
飛島建設	神奈川県川崎市高津区坂戸３－２－１ かながわサイエンスパーク (KSP)
長谷工コーポレーション	東京都港区芝二丁目 32 番１号
松井建設	東京都中央区新川 1-17-22
錢高組	大阪市西区西本町２丁目２番 11 号 なにわ筋ツインズウエスト
鹿島建設	東京都港区元赤坂 1-3-1
不動テトラ	東京都中央区日本橋小網町７番２号（ぺんてるビル）

会社名	本社住所
大末建設	大阪市中央区久太郎町二丁目5番28号
鉄建建設	東京都千代田区三崎町2丁目5番3号
日鉄住金テックスエンジ	東京都千代田区丸の内二丁目5番2号　三菱ビル
西松建設	東京都港区虎ノ門一丁目20番10号
三井住友建設	東京都中央区佃二丁目1番6号
大豊建設	東京都中央区新川一丁目24番4号
前田建設工業	東京都千代田区猿楽町二丁目8番8号 猿楽町ビル
佐田建設	群馬県前橋市元総社町1-1-7
ナカノフドー建設	東京都千代田区九段北四丁目2番28号
奥村組	大阪市阿倍野区松崎町二丁目2番2号
大和小田急建設	東京都新宿区西新宿4-32-22
東鉄工業	東京都新宿区信濃町34 JR信濃町ビル4階
イチケン	東京都台東区北上野2丁目23番5号（住友不動産上野ビル2号館）
淺沼組	大阪市天王寺区東高津町12番6号
戸田建設	東京都中央区京橋一丁目7番1号
熊谷組	東京都新宿区津久戸町2番1号
青木あすなろ建設	東京都港区芝4丁目8番2号
北野建設	長野県長野市県町524
植木組	新潟県柏崎市新橋2-8
三井ホーム	東京都新宿区西新宿二丁目1番1号　新宿三井ビル53階
矢作建設工業	名古屋市東区葵三丁目19番7号
ピーエス三菱	東京都中央区晴海二丁目5番24号　晴海センタービル3階

会社名	本社住所
大東建託	東京都港区港南二丁目16番1号　品川イーストワンタワー21～24階・（総合受付24階）
新日本建設	千葉県千葉市美浜区ひび野一丁目4番3 新日本ビル
NIPPO	東京都中央区京橋1－19－11
東亜道路工業	東京都港区六本木七丁目3番7号
前田道路	東京都品川区大崎1丁目11番3号
日本道路	東京都港区新橋1-6-5
東亜建設工業	東京都新宿区西新宿3-7-1　新宿パークタワー31階
若築建設	東京都目黒区下目黒二丁目23番18号
東洋建設	東京都江東区青海二丁目4番24号　青海フロンティアビル12，13階
五洋建設	東京都文京区後楽2-2-8
大林道路	東京都墨田区堤通1-19-9 リバーサイド隅田セントラルタワー5F
世紀東急工業	東京都港区芝公園2丁目9番3号
福田組	新潟県新潟市中央区一番堀通町3-10
住友林業	東京都千代田区大手町一丁目3番2号（経団連会館）
日本基礎技術	大阪市北区松ヶ枝町6番22号
日成ビルド工業	石川県金沢市金石北3-16-10
ヤマダ・エスバイエルホーム	大阪市北区天満橋一丁目8番30号　OAPタワー5階
巴コーポレーション	東京都中央区勝どき4-5-17 かちどき泉ビル
パナホーム	大阪府豊中市新千里西町1丁目1番4号
大和ハウス工業	大阪市北区梅田3丁目3番5号
ライト工業	東京都千代田区五番町6番地2
積水ハウス	大阪市北区大淀中一丁目1番88号 梅田スカイビルタワーイースト

会社名	本社住所
日特建設	東京都中央区銀座 8 丁目 14 番 14 号
北陸電気工事	富山県富山市小中 269 番
ユアテック	仙台市宮城野区榴岡 4 丁目 1 番 1 号
西部電気工業	福岡市博多区博多駅東 3 丁目 7 番 1 号
四電工	高松市松島町 1 丁目 11 番 22 号
中電工	広島市中区小網町 6 番 12 号
関電工	東京都港区芝浦 4-8-33
きんでん	大阪市北区本庄東 2 丁目 3 番 41 号
東京エネシス	東京都中央区日本橋茅場町一丁目 3 番 1 号
トーエネック	愛知県名古屋市中区栄一丁目 20 番 31 号
住友電設	大阪市西区阿波座 2-1-4
日本電設工業	東京都台東区池之端一丁目 2 番 23 号 NDK 第二池之端ビル
協和エクシオ	東京都渋谷区渋谷 3 丁目 29 番 20 号
新日本空調	東京都中央区日本橋浜町 2-31-1　浜町センタービル
NDS	愛知県名古屋市中区千代田 2-15-18
九電工	福岡市南区那の川一丁目 23 番 35 号
三機工業	東京都中央区明石町 8 番 1 号
日揮	横浜市西区みなとみらい 2-3-1
中外炉工業	大阪市中央区平野町 3 丁目 6 番 1 号
ヤマト	東京都中央区銀座 2-16-10
太平電業	東京都千代田区神田神保町 2-4
高砂熱学工業	東京都千代田区神田駿河台 4 丁目 2 番地 5

会社名	本社住所
三晃金属工業	東京都港区芝浦四丁目 13 番 23 号
朝日工業社	東京都港区浜松町一丁目 25 番 7 号
明星工業	大阪市西区京町堀 1 丁目 8 番 5 号（明星ビル）
大氣社	東京都新宿区西新宿 8-17-1　住友不動産新宿グランドタワー
ダイダン	大阪市西区江戸堀 1 丁目 9 番 25 号
日比谷総合設備	東京都港区芝浦 4-2-8　住友不動産三田ツインビル東館
東芝プラントシステム	神奈川県横浜市鶴見区鶴見中央 4-36-5　鶴見東芝ビル
東洋エンジニアリング	東京都千代田区丸の内 1 丁目 5 番 1 号
千代田化工建設	神奈川県横浜市西区みなとみらい四丁目 6 番 2 号 みなとみらいグランドセントラルタワー
新興プランテック	横浜市磯子区新磯子町 27-5

●不動産業界

会社名	本社住所
日本駐車場開発	大阪府大阪市北区小松原町2番4号 大阪富国生命ビル
ヒューリック	東京都中央区日本橋大伝馬町7番3号
東京建物不動産販売	東京都新宿区西新宿1丁目25番1号(新宿センタービル)
三栄建築設計	東京都杉並区西荻北2-1-11 三栄本社ビル
野村不動産ホールディングス	東京都新宿区西新宿1丁目26番2号
プレサンスコーポレーション	大阪市中央区城見1丁目2番27号 クリスタルタワー27階
常和ホールディングス	東京都中央区日本橋本町一丁目7番2号　常和江戸橋ビル5階
フージャースホールディングス	東京都千代田区神田美土代町9-1 MD神田ビル
オープンハウス	千代田区丸の内2-4-1　丸の内ビルディング12F
東急不動産ホールディングス	東京都渋谷区道玄坂1-21-2　新南平台東急ビル
エコナックホールディングス	東京都港区南青山7-8-4　高樹ハイツ
パーク24	東京都千代田区有楽町2-7-1
パラカ	東京都港区麻布台1-11-9　CR神谷町ビル9F
三井不動産	東京都中央区日本橋室町2丁目1番1号
三菱地所	東京都港区赤坂2-14-27 国際新赤坂ビル東館
平和不動産	東京都中央区日本橋兜町1番10号
東京建物	東京都中央区八重洲一丁目9番9号 東京建物本社ビル
ダイビル	大阪市北区中之島3-6-32　ダイビル本館
京阪神ビルディング	大阪市中央区瓦町四丁目2番14号
住友不動産	東京都新宿区西新宿二丁目4番1号　新宿NSビル
大京	東京都渋谷区千駄ヶ谷4-24-13　千駄ヶ谷第21大京ビル
テーオーシー	東京都品川区西五反田7丁目22番17号

会社名	本社住所
東京楽天地	東京都墨田区江東橋4丁目27番14号
レオパレス21	東京都中野区本町2丁目54番11号
フジ住宅	大阪府岸和田市土生町1丁目4番23号
空港施設	東京都大田区羽田空港1-6-5 第五綜合ビル
明和地所	千葉県浦安市入船4-1-1　新浦安中央ビル1F
住友不動産販売	東京都新宿区西新宿二丁目4番1号
ゴールドクレスト	東京都千代田区大手町2-1-1
日本エスリード	大阪市福島区福島六丁目25番19号
日神不動産	東京都新宿区新宿五丁目8番1号
タカラレーベン	東京都新宿区西新宿2-6-1 新宿住友ビル26階
サンヨーハウジング名古屋	愛知県名古屋市瑞穂区妙音通三丁目31番地の1 サンヨー本社ビル
イオンモール	千葉県千葉市美浜区中瀬一丁目5番
ファースト住建	兵庫県尼崎市東難波町5-6-9
ランド	神奈川県横浜市西区北幸一丁目11番5号　相鉄KSビル6F
トーセイ	東京都港区虎ノ門四丁目2番3号
穴吹興産	香川県高松市鍛冶屋町7-12
エヌ・ティ・ティ都市開発	東京都千代田区外神田4-14-1 秋葉原UDX
サンフロンティア不動産	東京都千代田区有楽町一丁目2番2号
エフ・ジェー・ネクスト	東京都新宿区西新宿6丁目5番1号　新宿アイランドタワー11F
ランドビジネス	東京都千代田区霞が関三丁目2番5号霞が関ビルディング
グランディハウス	栃木県宇都宮市大通り4丁目3番18号
日本空港ビルデング	東京都大田区羽田空港3-3-2　第1旅客ターミナルビル

第3章

就職活動のはじめかた

入りたい会社は決まった。しかし「就職活動とはそもそも何をしていいのかわからない」「どんな流れで進むかわからない」という声は意外と多い。ここでは就職活動の一般的な流れや内容，対策について解説していく。

▶就職活動のスケジュール

3月　4月　6月

就職活動スタート

2025年卒の就活スケジュールは，経団連と政府を中心に議論され，2024年卒の採用選考スケジュールから概ね変更なしとされている。

エントリー受付・提出

OB・OG訪問

企業の説明会には積極的に参加しよう。独自の企業研究だけでは見えてこなかった新たな情報を得る機会であるとともに，モチベーションアップにもつながる。また，説明会に参加した者だけに配布する資料などもある。

合同企業説明会

個別企業説明会

筆記試験・面接試験等始まる（3月～）

内々定（大手企業）

2月末までにやっておきたいこと

就職活動が本格化する前に，以下のことに取り組んでおこう。

◎自己分析　◎インターンシップ　◎筆記試験対策
◎業界研究・企業研究　◎学内就職ガイダンス

自分が本当にやりたいことはなにか，自分の能力を最大限に活かせる会社はどこか。自己分析と企業研究を重ね，それを文章などにして明確にしておき，面接時に最大限に活用できるようにしておこう。

※このスケジュール表は一般的なものです。本年（2019年度）の採用スケジュール表ではありませんので，ご注意ください。

月

8月

10月

中小企業採用本格化

内定者の数が採用予定数に満たない企業，1年を通して採用を継続している企業，夏休み以降に採用活動を実施企業（後期採用）は採用活動を継続して行っている。大企業でも後期採用を行っていることもあるので，企業から内定が出ても，納得がいかなければ継続して就職活動を行うこともある。

中小企業の採用が本格化するのは大手企業より少し遅いこの時期から。HPなどで採用情報をつかむとともに，企業研究も怠らないようにしよう。

内々定とは10月1日以前に通知（電話等）されるもの。内定に関しては現在協定があり，10月1日以降に文書等にて通知される。

内々定（中小企業）

内定式（10月～）

どんな人物が求められる？

多くの企業は，常識やコミュニケーション能力があり，社会のできごとに高い関心を持っている人物を求めている。これは「会社の一員として将来の企業発展に寄与してくれるか」という視点に基づく，もっとも普遍的な選考基準だ。もちろん，「自社の志望を真剣に考えているか」「自社の製品，サービスにどれだけの関心を向けているか」という熱意の部分も重要な要素になる。

就活ロールプレイ！

理論編 STEP 1 就職活動のスタート

内定までの道のりは，大きく分けると以下のようになる。

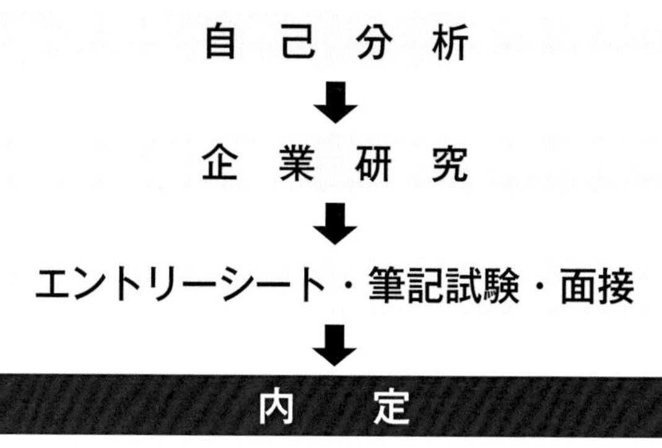

01 まず自己分析からスタート

就職活動とは，「企業に自分をPRすること」。自分自身の興味，価値観に加えて，強み・能力という要素が加わって，初めて企業側に「自分が働いたら，こういうポイントで貢献できる」と自分自身を売り込むことができるようになる。

■自分の来た道を振り返る

自己分析をするための第一歩は，「振り返ってみる」こと。

小学校，中学校など自分のいた“場”ごとに何をしたか（部活動など），何を学んだか，交友関係はどうだったか，興味のあったこと，覚えている印象的なことを書き出してみよう。

■テストを受けてみる

“自分では気がついていない能力”を客観的に検査してもらうことで，自分に向いている職種が見えてくる。下記の5種類が代表的なものだ。

①職業適性検査　②知能検査　③性格検査

④職業興味検査　⑤創造性検査

■先輩や専門家に相談してみる

就職活動をするうえでは，“いかに他人に自分のことをわかってもらうか”が重要なポイント。他者の視点で自分を分析してもらうことで，より客観的な視点で自己PRができるようになる。

自己分析の流れ

❑過去の経験を書いてみる

❑現在の自己イメージを明確にする…行動，考え方，好きなものなど。

❑他人から見た自分を明確にする

❑将来の自分を明確にしてみる…どのような生活をおくっていたいか。期待，夢，願望。なりたい自分はどういうものか，掘り下げて考える。→自己分析結果を，志望動機につなげていく。

理論編 STEP 2

企業の情報を収集する

01 企業の絞り込み

志望企業の絞り込みについての考え方は大きく分けて2つある。

第1は，同一業種の中で1次候補，2次候補……と絞り込んでいく方法。

第2は，業種を1次，2次，3次候補と変えながら，それぞれに2社程度ずつ絞り込んでいく方法。

第1の方法では，志望する同一業種の中で，一流企業，中堅企業，中小企業，縁故などがある歯止めの会社……というふうに絞り込んでいく。

第2の方法では，自分が最も望んでいる業種，将来好きになれそうな業種，発展性のある業種，安定性のある業種，現在好況な業種……というふうに区別して，それぞれに適当な会社を絞り込んでいく。

02 情報の収集場所

・キャリアセンター

・新聞

・インターネット

・企業情報

『就職四季報』（東洋経済新報社刊），『日経会社情報』（日本経済新聞社刊）などの企業情報。この種の資料は本来“株式市場”についての資料だが，その時期の景気動向を含めた情報を仕入れることができる。

・経済雑誌

『ダイヤモンド』（ダイヤモンド社刊）や『東洋経済』（東洋経済新報社刊），『エコノミスト』（毎日新聞出版刊）など。

・OB・OG／社会人

03 志望企業をチェック

①成長力

まず“売上高”。次に資本力の問題や利益率などの比率。いくら資本金があっても，それを上回る膨大な借金を抱えていて，いくら稼いでも利払いに追われまくるようでは，成長できないし，安定できない。

成長力を見るには自己資本率を割り出してみる。自己資本を総資本で割って100を掛けると自己資本率がパーセントで出てくる。自己資本の比率が高いほうが成長力もあり安定度も高い。

利益率は純利益を売上高で割って100を掛ける。利益率が高ければ，企業はどんどん成長するし，社員の待遇も上昇する。利益率が低いということは，仕事がどんなに忙しくても利益にはつながらないということになる。

②技術力

技術力は，短期的な見方と長期的な展望が必要になってくる。研究部門が適切な規模か，大学など企業外の研究部門との連絡があるか，先端技術の分野で開発を続けているかどうかなど。

③経営者と経営形態

会社が将来，どのような発展をするか，または衰退するかは経営者の経営哲学，経営方針によるところが大きい。社長の経歴を知ることも必要。創始者の息子，孫といった親族が社長をしているのか，サラリーマン社長か，官庁などからの天下りかということも大切なチェックポイント。

④社風

社風というのは先輩社員から後輩社員に伝えられ，教えられるもの。社風もいろいろな面から必ずチェックしよう。

⑤安定性

企業が成長しているか，安定しているかということは車の両輪。どちらか片方の回転が遅くなっても企業はバランスを失う。安定し，しかも成長する。これが企業として最も理想とするところ。

⑥待遇

初任給だけを考えてみても，それが手取りなのか，基本給なのか。基本給というのはボーナスから退職金，定期昇給の金額にまで響いてくる。また，待遇というのは給与ばかりではなく，福利厚生施設でも大きな差が出てくる。

■そのほかの会社比較の基準

1. ゆとり度

休暇制度は，企業によって独自のものを設定しているところもある。「長期休暇制度」といったものなどの制定状況と，また実際に取得できているかどうかも調べたい。

2. 独身寮や住宅設備

最近では，社宅は廃止し，住宅手当を多く出すという流れもある。寮や社宅についての福利厚生は調べておく。

3. オフィス環境

会社に根づいた慣習や社員に対する考え方が，意外にオフィスの設備やレイアウトに表れている場合がある。

たとえば，個人の専有スペースの広さや区切り方，パソコンなどOA機器の設置状況，上司と部下の机の配置など，会社によってずいぶん違うもの。玄関ロビーや受付の様子を観察するだけでも，会社ごとのカラーや特徴がどこかに見えてくる。

4. 勤務地

転勤はイヤ，どうしても特定の地域で生活していきたい。そんな声に応えて，最近は流通業などを中心に，勤務地限定の雇用制度を取り入れる企業も増えている。

column 初任給では分からない本当の給与

会社の給与水準には「初任給」「平均給与」「平均ボーナス」「モデル給与」など，判断材料となるいくつかのデータがある。これらのデータからその会社の給料の優劣を判断するのは非常に難しい。

たとえば中小企業の中には，初任給が飛び抜けて高い会社がときどきある。しかしその後の昇給率は大きくないのがほとんど。

一方，大手企業の初任給は業種間や企業間の差が小さく，ほとんど横並びと言っていい。そこで，「平均給与」や「平均ボーナス」などで将来の予測をするわけだが，これは一応の目安とはなるが，個人差があるので正確とは言えない。

04 就職ノートの作成

■決定版「就職ノート」はこう作る

1冊にすべて書き込みたいという人には，ルーズリーフ形式のノートがお勧め。会社研究，スケジュール，時事用語，OB／OG訪問，切り抜きなどの項目を作りインデックスをつける。

カレンダー，説明会，試験などのスケジュール表を貼り，とくに会社別の説明会，面談，書類提出，試験の日程がひと目で分かる表なども作っておく。そして見開き2ページで1社を載せ，左ページに企業研究，右ページには志望理由，自己PRなどを整理する。

就職ノートの主なチェック項目

- ❏企業研究…資本金，業務内容，従業員数など基礎的な会社概要から，過去の採用状況，業務報告などのデータ
- ❏採用試験メモ…日程，条件，提出書類，採用方法，試験の傾向など
- ❏店舗・営業所見学メモ…流通関係，銀行などの場合は，客として訪問し，商品（値段，使用価値，ユーザーへの配慮），店員（接客態度，商品知識，熱意，親切度），店舗（ショーケース，陳列の工夫，店内の清潔さ）などの面をチェック
- ❏OB／OG訪問メモ…OB／OGの名前，連絡先，訪問日時，面談場所，質疑応答のポイント，印象など
- ❏会社訪問メモ…連絡先，人事担当者名，会社までの交通機関，最寄り駅からの地図，訪問のときに得た情報や印象，訪問にいたるまでの経過も記入

05 「OB／OG訪問」

「OB／OG訪問」は，実際は採用予備選考開始。まず，OB／OG訪問を希望したら，大学のキャリアセンター，教授などの紹介で，志望企業に勤める先輩の手がかりをつかむ。もちろん直接電話なり手紙で，自分の意向を会社側に伝えてもいい。自分の在籍大学，学部をはっきり言って，「先輩を紹介していただけないでしょうか」と依頼しよう。

参考

OB／OG訪問時の質問リスト例

●採用について

- 成績と面接の比重
- 評価のポイント
- 採用までのプロセス（日程）
- 筆記試験の傾向と対策
- 面接は何回あるか
- コネの効力はどうか
- 面接で質問される事項　etc.

●仕事について

- 内容（入社10年，20年のOB/OG）
- 新入社員の仕事
- 希望職種につけるのか
- やりがいはどうか
- 残業，休日出勤，出張など
- 同業他社と比較してどうか　etc.

●社風について

- 社内のムード
- 上司や同僚との関係
- 仕事のさせ方　etc.

●待遇について

- 給与について
- 福利厚生の状態
- 昇進のスピード
- 離職率について　etc.

06 インターンシップ

インターンシップとは，学生向けに企業が用意している「就業体験」プログラム。ここで学生はさまざまな企業の実態をより深く知ることができ，その後の就職活動において自己分析，業界研究，職種選びなどに活かすことができる。また企業側にとっても有能な学生を発掘できるというメリットがあるため，導入する企業は増えている。

インターンシップ参加が採用につながっているケースもあるため，たくさん参加してみよう。

column コネを利用するのも１つの手段？

コネを活用できるのは，以下のような場合である。

・企業と大学に何らかの「連絡」がある場合

企業の新卒採用の場合，特定校･指定校が決められていることもある。企業側が過去の実績などに基づいて決めており，大学の力が大きくものをいう。

とくに理工系では，指導教授や研究室と企業との連絡が密接な場合が多く，教授の推薦が有利であることは言うまでもない。同じ大学出身の先輩とのコネも，この部類に区分できる。

・志望企業と「関係」ある人と関係がある場合

一般的に言えば，志望企業の取り引き先関係からの紹介というのが一番多い。ただし，年間億単位の実績が必要で，しかも部長･役員以上につながっていなければコネがあるとは言えない。

・志望企業と何らかの「親しい関係」がある場合

志望企業に勤務したりアルバイトをしていたことがあるという場合。インターンシップもここに分類される。職場にも馴染みがあり人間関係もできているので，就職に際してきわめて有利。

・志望会社に関係する人と「縁故」がある場合

縁故を「血縁関係」とした場合，日本企業ではこのコネはかなり有効なところもある。ただし，血縁者が同じ会社にいるというのは不都合なことも多いので，どの企業も慎重。

07 会社説明会のチェックポイント

1. 受付の様子

受付事務がテキパキとしていて，分かりやすいかどうか。社員の態度が親切で誠意が伝わってくるかどうか。

こういった受付の様子からでも，その会社の社員教育の程度や，新入社員採用に対する熱意とか期待を推し測ることができる。

2. 控え室の様子

控え室が2カ所以上あって，国立大学と私立大学の訪問者とが，別々に案内されているようなことはないか。また，面談の順番を意図的に変えているようなことはないか。これはよくある例で，すでに大半は内定しているということを意味する場合が多い。

3. 社内の雰囲気

社員の話し方，その内容を耳にはさむだけでも，社風が伝わってくる。

4. 面談の様子

何時間も待たせたあげくに，きわめて事務的に，しかも投げやりな質問しかしないような採用担当者である場合，この会社は人事が適正に行われていないということだから，一考したほうがよい。

説明会での質問項目

・質問内容が抽象的でなく，具体性のあるものかどうか。
・質問内容は，現在の社会・経済・政治などの情況を踏まえた，大学生らしい高度で専門性のあるものか。
・質問をするのはいいが，「それでは，あなたの意見はどうか」と逆に聞かれたとき，自分なりの見解が述べられるものであるか。

理論編 STEP3 提出書類を用意する

提出する書類は6種類。①～③が大学に申請する書類，④～⑥が自分で書く書類だ。大学に申請する書類は一度に何枚も入手しておこう。

①**「卒業見込証明書」**

②**「成績証明書」**

③**「健康診断書」**

④**「履歴書」**

⑤**「エントリーシート」**

⑥**「会社説明会アンケート」**

■自分で書く書類は「自己PR」

第1次面接に進めるか否かは「自分で書く書類」の出来にかかっている。「履歴書」と「エントリーシート」は会社説明会に行く前に準備しておくもの。「会社説明会アンケート」は説明会の際に書き，その場で提出する書類だ。

01 履歴書とエントリーシートの違い

Webエントリーを受け付けている企業に資料請求をすると，資料と一緒に「エントリーシート」が送られてくるので，応募サイトのフォームやメールでエントリーシートを送付する。Webエントリーを行っていない企業には，ハガキやメールで資料請求をする必要があるが，「エントリーシート」は履歴書とは異なり，企業が設定した設問に対して回答するもの。すなわちこれが「1次試験」であり，これにパスをした人だけが会社説明会に呼ばれる。

02 記入の際の注意点

■字はていねいに

字を書くところから，その企業に対する“本気度”は測られている。

■誤字，脱字は厳禁

使用するのは，黒のインク。

■修正液使用は不可

■数字は算用数字

■自分の広告を作るつもりで書く

自分はこういう人間であり，何がしたいかということを簡潔に書く。メリットになることだけで良い。自分に損になるようなことを書く必要はない。

■「やる気」を示す具体的なエピソードを

「私はやる気があります」「私は根気があります」という抽象的な表現だけではNG。それを示すエピソードのようなものを書かなくては意味がない。

Point

自己紹介欄の項目はすべて「自己PR」。自分はこういう人間であることを印象づけ，それがさらに企業への「志望動機」につながっていくような書き方をする。

column 履歴書やエントリーシートは，共通でもいい？

「履歴書」や「エントリーシート」は企業によって書き分ける。業種はもちろん，同じ業界の企業であっても求めている人材が違うからだ。各書類は提出前にコピーを取り，さらに出した企業名を忘れずに書いておくことも大切だ。

履歴書記入のPoint

写真	スナップ写真は不可。 スーツ着用で，胸から上の物を使用する。ポイントは「清潔感」。 氏名・大学名を裏書きしておく。
日付	郵送の場合は投函する日，持参する場合は持参日の日付を記入する。
生年月日	西暦は避ける。元号を省略せずに記入する。
氏名	戸籍上の漢字を使う。印鑑押印欄があれば忘れずに押す。
住所	フリガナ欄がカタカナであればカタカナで，平仮名であれば平仮名で記載する。
学歴	最初の行の中央部に「学□□歴」と2文字程度間隔を空けて，中学校卒業から大学（卒業・卒業見込み）まで記入する。 中途退学の場合は，理由を簡潔に記載する。留年は記入する必要はない。 職歴がなければ，最終学歴の一段下の行の右隅に，「以上」と記載する。
職歴	最終学歴の一段下の行の中央部に「職□□歴」と2文字程度間隔を空け記入する。 「株式会社」や「有限会社」など，所属部門を省略しないで記入する。 「同上」や「〃」で省略しない。 最終職歴の一段下の行の右隅に，「以上」と記載する。
資格・免許	4級以下は記載しない。学習中のものも記載して良い。 「普通自動車第一種運転免許」など，省略せずに記載する。
趣味・特技	具体的に（例：読書でもジャンルや好きな作家を）記入する。
志望理由	その企業の強みや良い所を見つけ出したうえで，「自分の得意な事」がどう活かせるかなどを考えぬいたものを記入する。
自己PR	応募企業の事業内容や職種にリンクするような，自分の経験やスキルなどを記入する。
本人希望欄	面接の連絡方法，希望職種・勤務地などを記入する。「特になし」や空白はNG。
家族構成	最初に世帯主を書き，次に配偶者，それから家族を祖父母，兄弟姉妹の順に。続柄は，本人から見た間柄。兄嫁は，義姉と書く。
健康状態	「良好」が一般的。

理論編 STEP4
エントリーシートの記入

01 エントリーシートの目的

・応募者を，決められた採用予定者数に絞り込むこと
・面接時の資料にする
の2つ。

■知りたいのは職務遂行能力

採用担当者が学生を見る場合は,「こいつは与えられた仕事をこなせるかどうか」という目で見ている。企業に必要とされているのは仕事をする能力なのだ。

Point

質問に忠実に，“自分がいかにその会社の求める人材に当てはまるか”を丁寧に答えること。

02 効果的なエントリーシートの書き方

■情報を伝える書き方

課題をよく理解していることを相手に伝えるような気持ちで書く。

■文章力

大切なのは全体のバランスが取れているか。書く前に，何をどれくらいの字数で収めるか計算しておく。

「起承転結」でいえば,「起」は，文章を起こす導入部分。「承」は，起を受けて，その提起した問題に対して承認を求める部分。「転」は，自説を展開する部分。もっともオリジナリティが要求される。「結」は,最後の締めの結論部分。文章の構成・まとめる力で，総合的な能力が高いことをアピールする。

参考 ▶エントリーシートでよく取り上げられる題材と，その出題意図

エントリーシートで求められるものは，「自己PR」「志望動機」「将来どうなりたいか（目指すこと）」の3つに大別される。

1.「自己PR」

自己分析にしたがって作成していく。重要なのは，「なぜそうしようと思ったか？」「〇〇をした結果，何が変わったのか？何を得たのか？」という"連続性"が分かるかどうかがポイント。

2.「志望動機」

自己PRと一貫性を保ち，業界志望理由と企業志望理由を差別化して表現するように心がける。志望する業界の強みと弱み，志望企業の強みと弱みの把握は基本。

3.「将来の展望」

どんな社員を目指すのか，仕事へはどう臨もうと思っているか，目標は何か，などが問われる。仕事内容を事前に把握しておくだけでなく，5年後の自分，10年後の自分など，具体的な将来像を描いておくことが大切。

表現力，理解力のチェックポイント

- ❏文法，語法が正しいかどうか
- ❏論旨が論理的で一貫しているかどうか
- ❏1センテンスが簡潔かどうか
- ❏表現が統一されているかどうか（「です，ます」調か「だ，である」調か）

理論編 STEP5

面接試験の進みかた

01 個人面接

●自由面接法

面接官と受験者のキャラクターやその場の雰囲気，質問と応答の進行具合などによって雑談形式で自由に進められる。

●標準面接法

自由面接法とは逆に，質問内容や評価の基準などがあらかじめ決まっている。実際には自由面接法と併用で，おおまかな質問事項や判定基準，評価ポイントを決めておき，質疑応答の内容上の制限を緩和しておくスタイルが一般的。1次面接などでは標準面接法をとり，2次以降で自由面接法をとる企業も多い。

●非指示面接法

受験者に自由に発言してもらい，面接官は話題を引き出したりするときなど，最小限の質問をするという方法。

●圧迫面接法

わざと受験者の精神状態を緊張させ，受験者がどのような応答をするかを観察し，判定する。受験者は，冷静に対応することが肝心。

02 集団面接

面接の方法は個人面接と大差ないが，面接官がひとつの質問をして，受験者が順にそれに答えるという方法と，面接官が司会役になって，座談会のような形式で進める方法とがある。

座談会のようなスタイルでの面接は，なるべく受験者全員が関心をもっているような話題を取りあげ，意見を述べさせるという方法。この際，司会役以外の面接官は一言も発言せず，判定・評価に専念する。

03 グループディスカッション

グループディスカッション（以下，GD）の時間は30～60分程度，1グループの人数は5～10人程度で，司会は面接官が行う場合や，時間を決めて学生が交替で行うことが多い。面接官は内容については特に指示することはなく，受験者がどのようにGDを進めるかを観察する。

評価のポイントは，全体的には理解力，表現力，指導性，積極性，協調性など，個別的には性格，知識，適性などが観察される。

GDの特色は，集団の中での個人ということで，受験者の能力がどの程度のものであるか，また，どのようなことに向いているかを判定できること。受験者は，グループの中における自分の位置を面接官に印象づけることが大切だ。

グループディスカッション方式の面接におけるチェックポイント

- ❏全体の中で適切な論点を提供できているかどうか。
- ❏問題解決に役立つ知識を持っているか，また提供できているかどうか。
- ❏もつれた議論を解きほぐし，的はずれの議論を元に引き戻す努力をしているかどうか。
- ❏グループ全体としての目標をいつも考えているかどうか。
- ❏感情的な対立や攻撃をしかけているようなことはないか。
- ❏他人の意見に耳を傾け，よい意見には賛意を表し，それを全体に推し広げようという寛大さがあるかどうか。
- ❏議論の流れを自然にリードするような主導性を持っているかどうか。
- ❏提出した意見が議論の進行に大きな影響を与えているかどうか。

04 面接時の注意点

●控え室

控え室には，指定された時間の15分前には入室しよう。そこで担当の係から，面接に際しての注意点や手順の説明が行われるので，疑問点は積極的に聞くようにし，心おきなく面接にのぞめるようにしておこう。会社によっては，所定のカードに必要事項を書き込ませたり，お互いに自己紹介をさせたりする場合もある。また，この控え室での行動も細かくチェックして，合否の資料にしている会社もある。

●入室・面接開始

係員がドアの開閉をしてくれる場合もあるが，それ以外は軽くノックして入室し，必ずドアを閉める。そして入口近くで軽く一礼し，面接官か補助員の「どうぞ」という指示で正面の席に進み，ここで再び一礼をする。そして，学校名と氏名を名のって静かに着席する。着席時は，軽く椅子にかけるようにする。

●面接終了と退室

面接の終了が告げられたら，椅子から立ち上がって一礼し，椅子をもとに戻して，面接官または係員の指示を受けて退室する。

その際も，ドアの前で面接官のほうを向いて頭を下げ，静かにドアを開閉する。控え室に戻ったら，係員の指示を受けて退社する。

05 面接試験の評定基準

●協調性

企業という「集団」では，他人との協調性が特に重視される。

感情や態度が円満で調和がとれていること，極端に好悪の情が激しくなく，物事の見方や考え方が穏健で中立であることなど，職場での人間関係を円滑に進めていくことのできる人物かどうかが評価される。

●話し方

外観印象的には，言語の明瞭さや応答の態度そのものがチェックされる。小さな声で自信のない発言，乱暴野卑な発言は減点になる。

考えをまとめたら，言葉を選んで話すくらいの余裕をもって，真剣に応答しようとする姿勢が重視される。軽率な応答をしたり，まして発言に矛盾を指摘されるような事態は極力避け，もしそのような状況になりそうなときは，自分の非を認めてはっきりと謝るような態度を示すべき。

●好感度

実社会においては，外観による第一印象が，人間関係や取引に大きく影響を及ぼす。

「フレッシュな爽やかさ」に加え，入社志望など，自分の意思や希望をより明確にすることで，強い信念に裏づけられた姿勢をアピールできるよう努力したい。

●判断力

何を質問されているのか，何を答えようとしているのか，常に冷静に判断していく必要がある。

●表現力

話に筋道が通り理路整然としているか，言いたいことが簡潔に言えるか，話し方に抑揚があり聞く者に感銘を与えるか，用語が適切でボキャブラリーが豊富かどうか。

●積極性

活動意欲があり，研究心旺盛であること，進んで物事に取り組み，創造的に解決しようとする意欲が感じられること，話し方にファイトや情熱が感じられること，など。

●計画性

見通しをもって順序よく合理的に仕事をする性格かどうか，またその能力の有無。企業の将来性のなかに，自分の将来をどうかみ合わせていこうとしているか，現在の自分を出発点として，何を考え，どんな仕事をしたいのか。

●安定性

情緒の安定は，社会生活に欠くことのできない要素。自分自身をよく知っているか，他の人に流されない信念をもっているか。

●誠実性

自分に対して忠実であろうとしているか，物事に対してどれだけ誠実な考え方をしているか。

●社会性

企業は集団活動なので，自分の考えに固執したり，不平不満が多い性格は向かない。柔軟で適応性があるかどうか。

Point

清潔感や明朗さ，若々しさといった外観面も重視される。

06 面接試験の質問内容

1. 志望動機

受験先の概要や事業内容はしっかりと頭の中に入れておく。また，その企業の企業活動の社会的意義と，自分自身の志望動機との関連を明確にしておく。「安定している」「知名度がある」「将来性がある」といった利己的な動機，「自分の性格に合っている」というような，あいまいな動機では説得力がない。安定性や将来性は，具体的にどのような企業努力によって支えられているのかという考察も必要だし，それに対する受験者自身の評価や共感なども問われる。

①どうしてその業種なのか

②どうしてその企業なのか

③どうしてその職種なのか

以上の①〜③と，自分の性格や資質，専門などとの関連性を説明できるようにしておく。

自分がどうしてその会社を選んだのか，どこに大きな魅力を感じたのかを，できるだけ具体的に，情熱をもって語ることが重要。自分の長所と仕事の適性を結びつけてアピールし，仕事のやりがいや仕事に対する興味を述べるのもよい。

■複数の企業を受験していることは言ってもいい？

同じ職種，同じ業種で何社かかけもちしている場合，正直に答えてもかまわない。しかし，「第一志望はどこですか」というような質問に対して，正直に答えるべきかどうかというと，やはりこれは疑問がある。どんな会社でも，他社を第一志望にあげられれば，やはり愉快には思わない。

また，職種や業種の異なる会社をいくつか受験する場合も同様で，極端に性格の違う会社をあげれば，その矛盾を突かれるのは必至だ。

2. 仕事に対する意識・職業観

採用試験の段階では，次年度の配属予定が具体的に固まっていない会社もかなりある。具体的に職種や部署などを細分化して募集している場合は別だが，そうでない場合は，希望職種をあまり狭く限定しないほうが賢明。どの業界においても，採用後，新入社員には，研修としてその会社の各セクションをひと通り経験させる企業は珍しくない。そのうえで，具体的な配属計画を検討するのだ。

大切なことは，就職や職業というものを，自分自身の生き方の中にどう位置づけるか，また，自分の生活の中で仕事とはどういう役割を果たすのかを考えてみること。つまり自分の能力を活かしたい，社会に貢献したい，自分の存在価値を社会的に実現してみたい，ある分野で何か自分の力を試してみたい……，などの場合を考え，それを自分自身の人生観，志望職種や業種などとの関係を考えて組み立ててみる。自分の人生観をもとに，それを自分の言葉で表現できるようにすることが大切。

3. 自己紹介・自己PR

性格そのものを簡単に変えたり，欠点を克服したりすることは実際には難しいが，“仕方がない”という姿勢を見せることは禁物で，どんなささいなことでも，努力している面をアピールする。また一般的にいって，専門職を除けば，就職時になんらかの資格や技能を要求する企業は少ない。

ただ，資格をもっていれば採用に有利とは限らないが，専門性を要する業種では考慮の対象とされるものもある。たとえば英検，簿記など。

企業が学生に要求しているのは，4年間の勉学を重ねた学生が，どのように仕事に有用であるかということで，学生の知識や学問そのものを聞くのが目的ではない。あくまで，社会人予備軍としての謙虚さと素直さを失わないようにする。

知識や学力よりも，その人の人間性，ビジネスマンとしての可能性を重視するからこそ，面接担当者は，学生生活全般について尋ねることで，書類だけでは分からない人間性を探ろうとする。

何かうち込んだものや思い出に残る経験などは，その人の人間的な成長になんらかの作用を及ぼしているものだ。どんな経験であっても，そこから受けた印象や教訓などは，明確に答えられるようにしておきたい。

4. 一般常識・時事問題

一般常識・時事問題については筆記試験の分野に属するが，面接でこうしたテーマがもち出されることも珍しくない。受験者がどれだけ社会問題に関心をもっているか，一般常識をもっているか，また物事の見方・考え方に偏りがないかなどを判定する。知識や教養だけではなく，一問一答の応答を通じて，その人の性格や適応能力まで判断されることになる。

07 面接に向けての事前準備

■面接試験1カ月前までには万全の準備をととのえる

●志望会社・職種の研究

新聞の経済欄や経済雑誌などのほか，会社年鑑，株式情報など書物による研究をしたり，インターネットにあがっている企業情報や，検索によりさまざまな角度から調べる。すでにその会社へ就職している先輩や知人に会って知識を得たり，大学のキャリアセンターへ情報を求めるなどして総合的に判断する。

■専攻科目の知識・卒論のテーマなどの整理

大学時代にどれだけ勉強してきたか，専攻科目や卒論のテーマなどを整理しておく。

■時事問題に対する準備

毎日欠かさず新聞を読む。志望する企業の話題は，就職ノートに整理するなどもアリ。

面接当日の必需品

❏必要書類（履歴書，卒業見込証明書，成績証明書，健康診断書，推薦状）
❏学生証
❏就職ノート（志望企業ファイル）
❏印鑑，朱肉
❏筆記用具（万年筆，ボールペン，サインペン，シャープペンなど）
❏手帳，ノート
❏地図（訪問先までの交通機関などをチェックしておく）
❏現金（小銭も用意しておく）
❏腕時計（オーソドックスなデザインのもの）
❏ハンカチ，ティッシュペーパー
❏くし，鏡（女性は化粧品セット）
❏シューズクリーナー
❏ストッキング
❏折りたたみ傘（天気予報をチェックしておく）
❏携帯電話，充電器

理論編

STEP 6 筆記試験の種類

■一般常識試験

社会人として企業活動を行ううえで最低限必要となる一般常識のほか，
英語，国語，社会(時事問題)，数学などの知識の程度を確認するもの。

難易度はおおむね中学・高校の教科書レベル。一般常識の問題集を1冊やっておけばよいが，業界によっては専門分野が出題されることもあるため，必ず志望する企業のこれまでの試験内容は調べておく。

■一般常識試験の対策

・英語　慣れておくためにも，教科書を復習する，英字新聞を読むなど。
・国語　漢字，四字熟語，反対語，同音異義語，ことわざをチェック。
・時事問題　新聞や雑誌，テレビ，ネットニュースなどアンテナを張っておく。

■適性検査

SPI（Synthetic Personality Inventory）試験（SPI3試験）とも呼ばれ，能力テストと性格テストを合わせたもの。

能力テストでは国語能力を測る「言語問題」と，数学能力を測る「非言語問題」がある。言語的能力，知覚能力，数的能力のほか，思考・推理能力，記憶力，注意力などの問題で構成されている。

性格テストは「はい」か「いいえ」で答えていく。仕事上の適性と性格の傾向などが一致しているかどうかをみる。

SPIは職務への適応性を客観的にみるためのもの。

理論編 STEP 7

論作文の書き方

01 「論文」と「作文」

一般に「論文」はあるテーマについて自分の意見を述べ，その論証をする文章で，必ず意見の主張とその論証という2つの部分で構成される。問題提起と論旨の展開，そして結論を書く。

「作文」は，一般的には感想文に近いテーマ，たとえば「私の興味」「将来の夢」といったものがある。

就職試験では「論文」と「作文」を合わせた“論作文”とでもいうようなものが出題されることが多い。

論作文試験とは，「文章による面接」。テーマに書き手がどういう態度を持っているかを知ることが，出題の主な目的だ。受験者の知識・教養・人生観・社会観・職業観，そして将来への希望などが，どのような思考を経て，どう表現されているかによって，企業にとって，必要な人物かどうかを判断している。

論作文の場合には，書き手の社会的意識や考え方に加え，「感銘を与える」働きが要求される。就職活動とは，企業に対し「自分をアピールすること」だということを常に念頭に置いておきたい。

Point

論文と作文の違い

	論　文	作　文
テーマ	学術的・社会的・国際的なテーマ。時事，経済問題など	個人的・主観的なテーマ。人生観，職業観など
表現	自分の意見や主張を明確に述べる。	自分の感想を述べる。
展開	四段型（起承転結）の展開が多い。	三段型（はじめに・本文・結び）の展開が多い。
文体	「だ調・である調」のスタイルが多い。	「です調・ます調」のスタイルが多い。

02 採点のポイント

・テーマ

与えられた課題（テーマ）を，受験者はどのように理解しているか。

出題されたテーマの意義をよく考え，それに対する自分の意見や感情が，十分に整理されているかどうか。

・表現力

課題について本人が感じたり，考えたりしたことを，文章で的確に表しているか。

・字・用語・その他

かなづかいや送りがなが合っているか，文中で引用されている格言やことわざの類が使用法を間違えていないか，さらに誤字・脱字に至るまで，文章の基本的な力が受験者の人柄ともからんで厳密に判定される。

・オリジナリティ

魅力がある文章とは，オリジナリティを率直に出すこと。自分の感情や意見を，自分の言葉で表現する。

・生活態度

文章は，書き手の人格や人柄を映し出す。平素の社会的関心や他人との協調性，趣味や読書傾向はどうであるかといった，受験者の日常における生き方，生活態度がみられる。

・字の上手・下手

できるだけ読みやすい字を書く努力をする。また，制限字数より文章が長くなって原稿用紙の上下や左右の空欄に書き足したりすることは避ける。消しゴムで消す場合にも，丁寧に。

いずれの場合でも，表面的な文章力を問うているのではなく，受験者の人柄のほうを重視している。

実践編

マナーチェックリスト

就活において企業の人事担当は，面接試験やOG／OB訪問，そして面接試験において，あなたのマナーや言葉遣いといった，「常識力」をチェックしている。現在の自分はどのくらい「常識力」が身についているかをチェックリストで振りかえり，何ができて，何ができていないかを明確にしたうえで，今後の取り組みに生かしていこう。

評価基準　5：大変良い　4：やや良い　3：どちらともいえない　2：やや悪い　1：悪い

	項目	評価	メモ
挨拶	明るい笑顔と声で挨拶をしているか		
	相手を見て挨拶をしているか		
	相手より先に挨拶をしているか		
	お辞儀を伴った挨拶をしているか		
	直接の応対者でなくても挨拶をしているか		
表情	笑顔で応対しているか		
	表情に私的感情がでていないか		
	話しかけやすい表情をしているか		
	相手の話は真剣な顔で聞いているか		
身だしなみ	前髪は目にかかっていないか		
	髪型は乱れていないか／長い髪はまとめているか		
	髭の剃り残しはないか／化粧は健康的か		
	服は汚れていないか／清潔に手入れされているか		
	機能的で職業・立場に相応しい服装をしているか		
	華美なアクセサリーはつけていないか		
	爪は伸びていないか		
	靴下の色は適当か／ストッキングの色は自然な肌色か		
	靴の手入れは行き届いているか		
	ポケットに物を詰めすぎていないか		

	項目	評価	メモ
言葉遣い	専門用語を使わず，相手にわかる言葉で話しているか		
	状況や相手に相応しい敬語を正しく使っているか		
	相手の聞き取りやすい音量・速度で話しているか		
	語尾まで丁寧に話しているか		
	気になる言葉癖はないか		
動作	物の授受は両手で丁寧に実施しているか		
	案内・指し示し動作は適切か		
	キビキビとした動作を心がけているか		
心構え	勤務時間・指定時間の5分前には準備が完了しているか		
	心身ともに健康管理をしているか		
	仕事とプライベートの切替えができているか		

☑ 常に自己点検をするクセをつけよう

「人を表情やしぐさ，身だしなみなどの見かけで判断してはいけない」と一般にいわれている。確かに，人の個性は見かけだけではなく，内面においても見いだされるもの。しかし，私たちは人を第一印象である程度決めてしまう傾向がある。それが面接試験など初対面の場合であればなおさらだ。したがって，チェックリストにあるような挨拶，表情，身だしなみ等に注意して面接試験に臨むことはとても重要だ。ただ，これらは面接試験前にちょっと対策したからといって身につくようなものではない。付け焼き刃的な対策をして面接試験に臨んでも，面接官はあっという間に見抜いてしまう。日頃からチェックリストにあるような項目を意識しながら行動することが大事であり，そうすることで，最初はぎこちない挨拶や表情等も，その人の個性に応じたすばらしい所作へ変わっていくことができるのだ。さっそく，本日から実行してみよう。

実践編
STEP 1 表情

面接試験において，印象を決定づける表情はとても大事。
どのようにすれば感じのいい表情ができるのか，ポイントを確認していこう。

明るく,温和で柔らかな表情をつくろう

人間関係の潤滑油

表情に関しては，まずは豊かであるということがベースになってくる。うれしい表情，困った表情，驚いた表情など，さまざまな気持ちを表現できるということが，人間関係を潤いのあるものにしていく。

Point

表情はコミュニケーションの大前提。相手に「いつでも話しかけてくださいね」という無言の言葉を発しているのが，就活に求められる表情だ。面接官が安心してコミュニケーションをとろうと思ってくれる表情。それが，明るく，温和で柔らかな表情となる。

いますぐデキる
カンタンTraining

Training **01**

喜怒哀楽を表してみよう

- 人との出会いを楽しいと思うことが表情の基本
- 表情を豊かにする大前提は相手の気持ちに寄り添うこと
- 目元・口元だけでなく，眉の動きを意識することが大事

Training **02**

表情筋のストレッチをしよう

- 表情筋は「ウイスキー」の発音によって鍛える
- 意識して毎日，取り組んでみよう
- 笑顔の共有によって相手との距離が縮まっていく

実践編
STEP 2 挨拶

コミュニケーションは挨拶から始まり，その挨拶ひとつで印象は変わるもの。ポイントを確認していこう。

丁寧にしっかりと はっきり挨拶をしよう

人間関係の第一歩

挨拶は心を開いて，相手に近づくコミュニケーションの第一歩。たかが挨拶，されど挨拶の重要性をわきまえて，きちんとした挨拶をしよう。形，つまり“技”も大事だが，心をこめることが最も重要だ。

Point

挨拶はコミュニケーションの第一歩。相手が挨拶するのを待っているのは望ましくない。挨拶の際のポイントは丁寧であることと，はっきり声に出すことの2つ。丁寧な挨拶は，相手を大事にして迎えている気持ちの表れとなる。はっきり声に出すことで，これもきちんと相手を迎えていることが伝わる。また，相手もその応答として挨拶してくれることで，会ってすぐに双方向のコミュニケーションが成立する。

いますぐデキる

カンタンTraining

Training 01

3つのお辞儀をマスターしよう

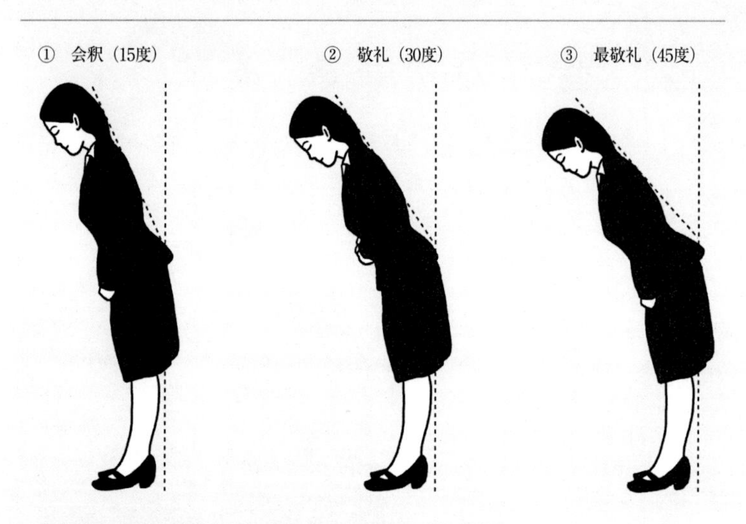

- 息を吸うことを意識してお辞儀をするとキレイな姿勢に
- 目線は真下ではなく，床前方1.5m先ぐらいを見よう
- 相手への敬意を忘れずに

Training 02

対面時は言葉が先，お辞儀が後

- 相手に体を向けて先に自ら挨拶をする
- 挨拶時，相手とアイコンタクトを しっかり取ろう
- 挨拶の後に，お辞儀をする。 これを「語先後礼」という

実践編 STEP3

聞く姿勢

コミュニケーションは「話す」よりも「聞く」ことといわれる。相手が話しやすい聞き方の，ポイントを確認しよう。

相手の話を受けとめる

話を聞くときは，やや前に傾く姿勢をとる。表情と姿勢が合わさることにより，話し手の心が開き「あれも，これも話そう」という気持ちになっていく。また，「はい」と一度のお辞儀で頷くと相手の話を受け止めているというメッセージにつながる。

Point

話をすること，話を聞いてもらうことは誰にとってもプレッシャーを伴うもの。そのため,「何でも話して良いんですよ」「何でも話を聞きますよ」「心配しなくて良いんですよ」という気持ちで聞くことが大切になる。その気持ちが聞く姿勢に表れれば，相手は安心して話してくれる。

いますぐデキる

カンタンTraining

Training 01

頷きは一度で

・相手が話した後に「はい」と一言発する
・頷きすぎは逆効果

Training 02

目線は自然に

・鼻の付け根あたりを見ると自然な印象に
・目を見つめすぎるのはNG

Training 03

話の句読点で視線を移す

・視線は話している人を見ることが基本
・複数の人の話を聞くときは句読点を意識し，視線を振り分けることで聞く姿勢を表す

実践編 STEP4

伝わる話し方

自分の意思を相手に明確に伝えるためには，話し方が重要となる。はっきりと的確に話すためのポイントを確認しよう。

ボリュームを意識して

話すときのポイントとしては，ボリュームを意識することが挙げられる。会議室の一番奥にいる人に声が届くように意識することで，声のボリュームはコントロールされていく。

Point

コミュニケーションとは「伝達」すること。どのようなことも，適当に伝えるのではなく，伝えるべきことがきちんと相手に届くことが大切になる。そのためには，はっきりと，分かりやすく，丁寧に，心を込めて話すこと。言葉だけでなく，表情やジェスチャーを加えることも有効。

いますぐデキる

カンタンTraining

Training 01

腹式呼吸で発声練習

・「あえいうえおあお」と発声する
・腹式呼吸は，胸部をなるべく動かさずに，息を吸うときにお腹や腰が膨らむよう意識する呼吸法

Training 02

早口言葉にチャレンジ

・「おあやや，母親に，お謝り」と早口で
・口がすぼまった「お」と口が開いた「あ」の発音に，変化をつけられるかがポイント

Training 03

ジェスチャーを有効活用

・腰より上でジェスチャーをする
・体から離した位置に手をもっていく
・ジェスチャーをしたら戻すところをさだめておく

実践編

STEP 5 身だしなみ

身だしなみはその人自身を表すもの。身だしなみの基本について，ポイントを確認しよう。

清潔感,さわやかさを醸し出せるようにしよう

プロの企業人にふさわしい身だしなみを

信頼感，安心感をもたれる身だしなみを考えよう。TPOに合わせた服装は，すなわち“礼”を表している。そして，身だしなみには，「清潔感」，「品のよさ」，「控え目である」という，3つのポイントがある。

Point

相手との心理的な距離や物理的な距離が遠ければ，コミュニケーションは成立しにくくなる。見た目が不潔では誰も近付いてこない。身だしなみが清潔であること，爽やかであることは相手との距離を縮めることにも繋がる。

いますぐデキる
カンタンTraining

Training 01
髪型，服装を整えよう

・男性も女性も眉が見える髪型が望ましい。３分の１は額が見えるように。額は知性と清潔感を伝える場所。男性の髪の長さは耳や襟にかからないように
・スーツで相手の前に立つときは，ボタンはすべて留める。男性の場合は下のボタンは外す

Training 02
おしゃれとの違いを明確に

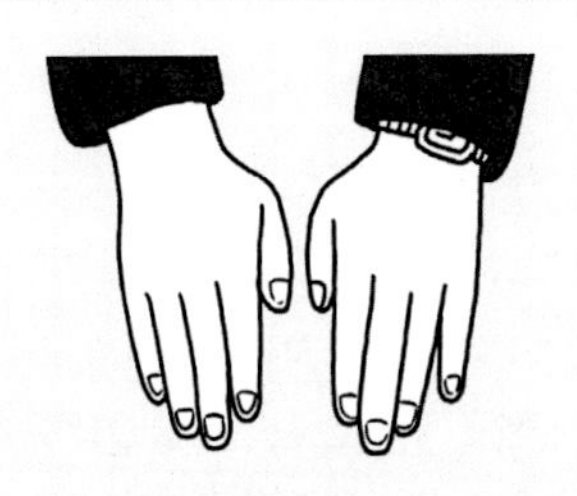

・爪はできるだけ切りそろえる
・爪の中の汚れにも注意
・ジェルネイル，ネイルアートはNG

Training 03
足元にも気を配って

・女性の場合はパンプス，男性の場合は黒の紐靴が望ましい
・靴はこまめに汚れを落とし見栄えよく

実践編

STEP 6 姿勢

姿勢にはその人の意欲が反映される。前向き，活動的な姿勢を表すにはどうしたらよいか，ポイントを確認しよう。

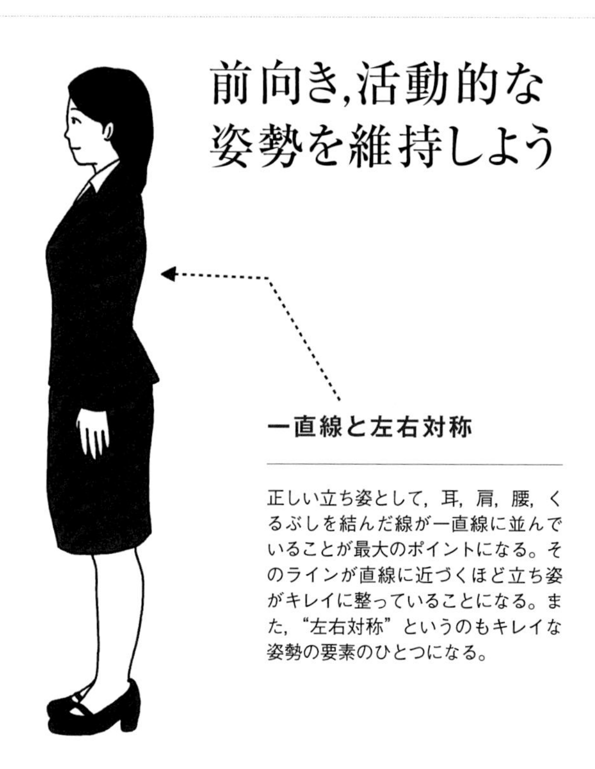

Point

姿勢は，身体と心の状態を反映するもの。そのため，良い姿勢でいることは，印象が清々しいだけでなく，健康で元気そうに見え，話しかけやすさにも繋がる。歩く姿勢，立つ姿勢，座る姿勢など，どの場面にも心身の健康状態が表れるもの。日頃から心身の健康状態に気を配り，フィジカルとメンタル両面の自己管理を心がけよう。

いますぐデキる

カンタンTraining

Training **01**

キレイな歩き方を心がけよう

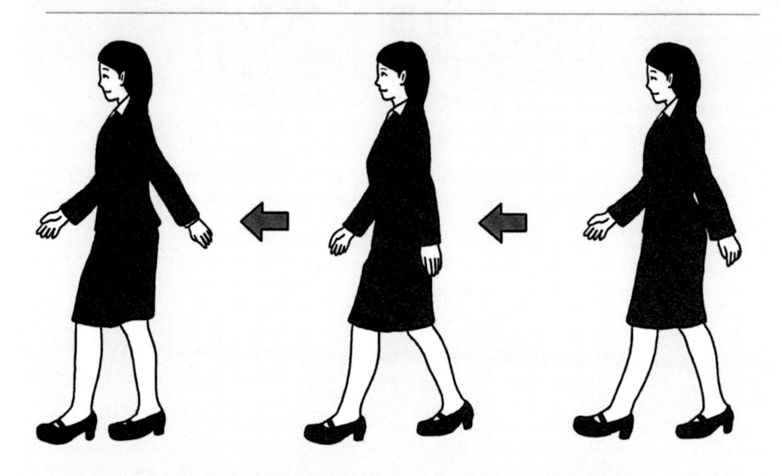

- 女性は１本の線上を，男性はそれよりも太い線上を沿うように歩く
- 一歩踏み出したときに前の足に体重を乗せるように，腰から動く
- 12時の方向につま先をもっていく

Training **02**

前向きな気持ちを持とう

- 常に前向きな気持ちが姿勢を正す
- ポジティブ思考を心がけよう

実践編 STEP 7

正しい言葉遣い

言葉遣いの正しさはとは，場面にあった言葉を遣うということ。相手を気づかいながら，言葉を選ぶことで，より正しい言葉に近づいていく。

相手と場面に合わせた
ふさわしい言葉遣いを

次の文は接客の場面でよくある間違えやすい敬語です。
それぞれの言い方は○×どちらでしょうか。

問１「資料をご拝読いただきありがとうございます」

問２「こちらのパンフレットはもういただかれましたか？」

問３「恐れ入りますが，こちらの用紙にご記入してください」

問４「申し訳ございませんが，来週，休ませていただきます」

問５「先ほどの件，帰りましたら上司にご報告いたしますので」

Point

ビジネスのシーンに敬語は欠くことができない。何度もやり取りをしていく中で，親しさの度合いによっては，あえてくだけた表現を用いることもあるが，「親しき仲にも礼儀あり」と言われるように，敬意や心づかいをおろそかにしてはいけないもの。相手に誤解されたり，相手の気分を壊すことのないように，相手や場面にふさわしい言葉遣いが大切になる。

解答と解説

問1（×）○正しい言い換え例
→「ご覧いただきありがとうございます」など

「拝読」は自分が「読む」意味の謙譲語なので，相手の行為に使うのは誤り。読むと見るは同義なため，多く，見るの尊敬語「ご覧になる」が用いられる。

問2（×）○正しい言い換え例
→「お持ちですか」「お渡ししましたでしょうか」 など

「いただく」は，食べる・飲む・もらうの謙譲語。「もらったかどうか」と聞きたいのだから，「おもらいになりましたか」と言えないこともないが，持っているかどうか，受け取ったかどうかという意味で「お持ちですか」などが使われることが多い。また，自分側が渡すような場合は，「お渡しする」を使って「お渡ししましたでしょうか」などの言い方に換えることもできる。

問3（×）○正しい言い換え例
→「恐れ入りますが，こちらの用紙にご記入ください」など

「ご記入する」の「お（ご）～する」は謙譲語の形。相手の行為を謙譲語で表すことになるため誤り。「して」を取り除いて「ご記入ください」か，和語に言い換えて「お書きください」とする。ほかにも「お書き／ご記入・いただけますでしょうか・願います」などの表現もある。

問4（△）

有給休暇を取る場合や，弔事等で休むような場面で，用いられることも多い。「休ませていただく」ということで一見丁寧に響くが，「来週休むと自分で休みを決めている」という勝手な表現にも受け取られかねない言葉だ。ここは同じ「させていただく」を用いても，相手の都合をうかがう言い方に換えて「○○がございまして，申し訳ございませんが，休みをいただいてもよろしいでしょうか」などの言い換えが好ましい。

問5（×）○正しい言い換え例
→「上司に報告いたします」

「ご報告いたします」は，ソトの人との会話で使うとするならば誤り。「ご報告いたします」の「お・ご～いたす」は，「お・ご～する」と「～いたす」という2つの敬語を含む言葉。そのうちの「お・ご～する」は，主語である自分を低めて相手＝上司を高める働きをもつ表現（謙譲語Ⅰ）。一方「～いたす」は，主語の私を低めて，話の聞き手に対して丁重に述べる働きをもつ表現（謙譲語Ⅱ　丁重語）。「お・ご～する」も「～いたす」も同じ謙譲語であるため紛らわしいが，主語を低める（謙譲）という働きは同じでも，行為の相手を高める働きがあるかないかという点に違いがあるといえる。

実践編
STEP 8 正しい敬語

敬語は正しく使用することで，相手の印象を大きく変えることができる。尊敬語，謙譲語の区別をはっきりつけて，誤った用法で話すことのないように気をつけよう。

言葉の使い方がマナーを表す！

■よく使われる尊敬語の形 「言う・話す・説明する」の例

専用の尊敬語型	おっしゃる
～れる・～られる型	言われる・話される・説明される
お（ご）～になる型	お話しになる・ご説明になる
お（ご）～なさる型	お話しなさる・ご説明なさる

■よく使われる謙譲語の形 「言う・話す・説明する」の例

専用の謙譲語型	申す・申し上げる
お（ご）～する型	お話しする・ご説明する
お（ご）～いたす型	お話しいたします・ご説明いたします

Point

同じ尊敬語・謙譲語でも，よく使われる代表的な形がある。ここではその一例をあげてみた。敬語の使い方に迷ったときなどは，まずはこの形を思い出すことで，大抵の語はこの型にはめ込むことができる。同じ言葉を用いたほうがよりわかりやすいといえるので，同義に使われる「言う・話す・説明する」を例に考えてみよう。

ほかにも「お話しくださる」や「お話しいただく」「お元気でいらっしゃる」などの形もあるが，まずは表の中の形を見直そう。

■よく使う動詞の尊敬語・謙譲語

なお，尊敬語の中の「言われる」などの「れる・られる」を付けた形は省力している。

基本	尊敬語（相手側）	謙譲語（自分側）
会う	お会いになる	お目にかかる・お会いする
言う	おっしゃる	申し上げる・申す
行く・来る	いらっしゃる おいでになる お見えになる お越しになる お出かけになる	伺う・参る お伺いする・参上する
いる	いらっしゃる・おいでになる	おる
思う	お思いになる	存じる
借りる	お借りになる	拝借する・お借りする
聞く	お聞きになる	拝聴する 拝聞する お伺いする・伺う お聞きする
知る	ご存じ（知っているという意で）	存じ上げる・存じる
する	なさる	いたす
食べる・飲む	召し上がる・お召し上がりになる お飲みになる	いただく・頂戴する
見る	ご覧になる	拝見する
読む	お読みになる	拝読する

「お伺いする」「お召し上がりになる」などは，「伺う」「召し上がる」自体が敬語なので「二重敬語」ですが，慣習として定着しており間違いではないもの。

Point

上記の「敬語表」は，よく使うと思われる動詞をそれぞれ尊敬語・謙譲語で表したもの。このように大体の言葉は型にあてはめることができる。言葉の中には「お（ご）」が付かないものもあるが，その場合でも「〜なさる」を使って，「スピーチなさる」や「運営なさる」などと言うことができる。また，表では，「言う」の尊敬語「言われる」の例は省いているが，れる・られる型の「言われる」よりも「おっしゃる」「お話しになる」「お話しなさる」などの言い方のほうが，より敬意も高く，言葉としても何となく響きが落ち着くといった印象を受けるものとなる。

会話力

会話は相手があってのこと。いかなる場合でも，相手に対する心くばりを忘れないことが，会話をスムーズに進めるためのコツになる。

心くばりを添えるひと言で言葉の印象が変わる!

相手に何かを頼んだり，また相手の依頼を断ったり，相手の抗議に対して反論したりする場面では，いきなり自分の意見や用件を切り出すのではなく，場面に合わせて心くばりを伝えるひと言を添えてから本題に移ると，響きがやわらかくなり，こちらの意向も伝えやすくなる。俗にこれは「クッション言葉」と呼ばれている。(右表参照)

Point

ビジネスの場面で，相手と話したり手紙やメールを送る際には，何か依頼事があってという場合が多いもの。その場合に「ちょっとお願いなんですが…」では，ふだんの会話と変わりがないものになってしまう。そこを「突然のお願いで恐れ入りますが」「急にご無理を申しまして」「こちらの勝手で恐縮に存じますが」「折り入ってお願いしたいことがございまして」などの一言を添えることで，直接的なきつい感じが和らぐだけでなく，「申し訳ないのだけれど，もしもそうしていただくことができればありがたい」という，相手への配慮や願いの気持ちがより強まる。このような前置きの言葉もうまく用いて，言葉に心くばりを添えよう。

相手の意向を尋ねる場合	「よろしければ」「お差し支えなければ」 「ご都合がよろしければ」「もしお時間がありましたら」 「もしお嫌いでなければ」「ご興味がおありでしたら」
相手に面倒をかけてしまうような場合	「お手数をおかけしますが」 「ご面倒をおかけしますが」 「お手を煩わせまして恐縮ですが」 「お忙しい時に申し訳ございませんが」 「お時間を割いていただき申し訳ありませんが」 「貴重なお時間を頂戴し恐縮ですが」
自分の都合を述べるような場合	「こちらの勝手で恐縮ですが」 「こちらの都合（ばかり）で申し訳ないのですが」 「私どもの都合ばかりを申しまして，まことに申し訳なく存じますが」 「ご無理を申し上げまして恐縮ですが」
急な話をもちかけた場合	「突然のお願いで恐れ入りますが」 「急にご無理を申しまして」 「もっと早くにご相談申し上げるべきところでございましたが」 「差し迫ってのことでまことに申し訳ございませんが」
何度もお願いする場合	「たびたびお手数をおかけしまして恐縮に存じますが」 「重ね重ね恐縮に存じますが」 「何度もお手を煩わせまして申し訳ございませんが」 「ご面倒をおかけしてばかりで，まことに申し訳ございませんが」
難しいお願いをする場合	「ご無理を承知でお願いしたいのですが」 「たいへん申し上げにくいのですが」 「折り入ってお願いしたいことがございまして」
あまり親しくない相手にお願いする場合	「ぶしつけなお願いで恐縮ですが」 「ぶしつけながら」 「まことに厚かましいお願いでございますが」
相手の提案・誘いを断る場合	「申し訳ございませんが」 「（まことに）残念ながら」 「せっかくのご依頼ではございますが」 「たいへん恐縮ですが」 「身に余るお言葉ですが」 「まことに失礼とは存じますが」 「たいへん心苦しいのですが」 「お引き受けしたいのはやまやまですが」
問い合わせの場合	「つかぬことをうかがいますが」 「突然のお尋ねで恐縮ですが」

実践編
STEP 10 文章の書き方

ここでは文章の書き方における，一般的な敬称について言及している。はがき，手紙，メール等，通信手段はさまざま。それぞれの特性をふまえて有効活用しよう。

相手の気持ちになって見やすく美しく書こう

■敬称のいろいろ

敬称	使う場面	例
様	職名・役職のない個人	（例）飯田知子様／ご担当者様／経理部長　佐藤一夫様
殿	職名･組織名･役職のある個人（公用文など）	（例）人事部長殿／教育委員会殿／田中四郎殿
先生	職名・役職のない個人	（例）松井裕子先生
御中	企業・団体・官公庁などの組織	（例）○○株式会社御中
各位	複数あてに同一文書を出すとき	（例）お客様各位／会員各位

Point

封筒・はがきの表書き・裏書きは縦書きが基本だが，洋封筒で親しい人にあてる場合は，横書きでも問題ない。いずれにせよ，定まった位置に，丁寧な文字でバランス良く，正確に記すことが大切。特に相手の住所や名前を乱雑な文字で書くのは，配達の際の間違いを引き起こすだけでなく，受け取る側に不快な思いをさせる。相手の気持ちになって，見やすく美しく書くよう心がけよう。

■各通信手段の長所と短所

	長所	短所	用途
封書	・封を開けなければ本人以外の目に触れることがない。 ・丁寧な印象を受ける。	・多量の資料・画像送付には不向き。 ・相手に届くまで時間がかかる。	・儀礼的な文書(礼状・わび状など) ・目上の人あての文書 ・重要な書類 ・他人に内容を読まれたくない文書
はがき・カード	・封書よりも気軽にやり取りできる。 ・年賀状や季節の便り，旅先からの連絡など絵はがきとしても楽しむことができる。	・封に入っていないため，第三者の目に触れることがある。 ・中身が見えるので，改まった礼状やわび状,こみ入った内容には不向き。 ・相手に届くまで時間がかかる。	・通知状　・案内状 ・送り状　・旅先からの便り ・各種お祝い　・お礼 ・季節の挨拶
ＦＡＸ	・手書きの図やイラストを文章といっしょに送れる。 ・すぐに届く。 ・控えが手元に残る。	・多量の資料の送付には不向き。 ・事務的な用途で使われることが多く，改まった内容の文書，初対面の人へは不向き。	・地図，イラストの入った文書 ・印刷物（本・雑誌など）
電話	・急ぎの連絡に便利。 ・相手の反応をすぐに確認できる。 ・直接声が聞けるので,安心感がある。	・連絡できる時間帯が制限される。 ・長々としたこみ入った内容は伝えづらい。	・緊急の用件 ・確実に用件を伝えたいとき
メール	・瞬時に届く。　・控えが残る。 ・コストが安い。 ・大容量の資料や画像をデータで送ることができる。 ・一度に大勢の人に送ることができる。 ・相手の居場所や状況を気にせず送れる。	・事務的な印象を与えるので，改まった礼状やわび状には不向き。 ・パソコンや携帯電話を持っていない人には送れない。 ・ウィルスなどへの対応が必要。	・データで送りたいとき ・ビジネス上の連絡

Point

はがきは手軽で便利だが，おわびやお願い，格式を重んじる手紙には不向きとなる。この種の手紙は内容もこみ入ったものとなり，加えて丁寧な文章で書かなければならないので,数行で済むことはまず考えられない。また,封筒に入っていないため,他人の目に触れるという難点もある。このように,はがきにも長所と短所があるため，使う場面や相手によって，他の通信手段と使い分けることが必要となる。

はがき以外にも，封書・電話・ＦＡＸ・メールなど，現代ではさまざまな通信手段がある。上に示したように，それぞれ長所と短所があるので,特徴を知って用途によって上手に使い分けよう。

実践編
STEP 11 電話応対

社会人のマナーとして，電話応対のスキルは必要不可欠。まずは失礼なく電話に出ることからはじめよう。積極性が重要だ。

相手の顔が見えない分
対応には細心の注意を

■電話をかける場合

①　○○先生に電話をする

×「私，□□社の××と言いますが，○○様はおられますでしょうか？」

○「**××と申しますが，○○様はいらっしゃいますか？**」

「おられますか」は「おる」を謙譲語として使うため，通常は相手がいるかどうかに関しては，「いらっしゃる」を使うのが一般的。

②　相手の状況を確かめる

×「こんにちは，××です，先日のですね…」

○「**××です，先日は有り難うございました，今お時間よろしいでしょうか？**」

相手が忙しくないかどうか，状況を聞いてから話を始めるのがマナー。また，やむを得ず夜間や早朝，休日などに電話をかける際は，「夜分（朝早く）に申し訳ございません」「お休みのところ恐れ入ります」などのお詫びの言葉もひと言添えて話す。

③　相手が不在，何時ごろ戻るかを聞く場合

×「戻りは何時ごろですか？」

○「**何時ごろお戻りになりますでしょうか？**」

「戻り」はそのままの言い方，相手にはきちんと尊敬語を使う。

④　また自分からかけることを伝える

×「そうですか，ではまたかけますので」

○「**それではまた後ほど（改めて）お電話させていただきます**」

戻る時間がわかる場合は，「またお戻りになりましたころにでも」「また午後にでも」などの表現もできる。

■電話を受ける場合

① 電話を取ったら

×「はい，もしもし，〇〇（社名）ですが」

〇**「はい，〇〇（社名）でございます」**

② 相手の名前を聞いて

×「どうも，どうも」

〇**「いつもお世話になっております」**

あいさつ言葉として定着している決まり文句ではあるが，日頃のお付き合いがあってこそ。あいさつ言葉もきちんと述べよう。「お世話様」という言葉も時折耳にするが，敬意が軽い言い方となる。適切な言葉を使い分けよう。

③ 相手が名乗らない

×「どなたですか？」「どちらさまですか？」

〇**「失礼ですが，お名前をうかがってもよろしいでしょうか？」**

名乗るのが基本だが，尋ねる態度も失礼にならないように適切な応対を心がけよう。

④ 電話番号や住所を教えてほしいと言われた場合

×「はい，いいでしょうか？」　×「メモのご用意は？」

〇**「はい，申し上げます，よろしいでしょうか？」**

「メモのご用意は？」は，一見親切なようにも聞こえるが，尋ねる相手も用意していることがほとんど。押し付けがましくならない程度に。

⑤ 上司への取次を頼まれた場合

×「はい，今代わります」　×「〇〇部長ですね，お待ちください」

〇**「部長の〇〇でございますね，ただいま代わりますので，少々お待ちくださいませ」**

〇〇部長という表現は，相手側の言い方となる。自分側を述べる場合は，「部長の〇〇」「〇〇」が適切。

自分から電話をかける場合は，まずは自分の会社名や氏名を名乗るのがマナー。たとえ目的の相手が直接出た場合でも，電話では相手の様子が見えないことがほとんど。自分の勝手な判断で話し始めるのではなく，相手の都合を伺い，そのうえで話を始めるのが社会人として必要な気配りとなる。

デキるオトナをアピール

時候の挨拶

月	漢語調の表現 候，みぎりなどを付けて用いられます	口語調の表現
1月 （睦月）	初春・新春　頌春・小寒・大寒・厳寒	皆様におかれましては，よき初春をお迎えのことと存じます／厳しい寒さが続いております／珍しく暖かな寒の入りとなりました／大寒という言葉通りの厳しい寒さでございます
2月 （如月）	春寒・余寒・残寒・立春・梅花・向春	立春とは名ばかりの寒さ厳しい毎日でございます／梅の花もちらほらとふくらみ始め，春の訪れを感じる今日この頃です／春の訪れが待ち遠しいこのごろでございます
3月 （弥生）	早春・浅春・春寒・春分・春暖	寒さもようやくゆるみ，日ましに春めいてまいりました／ひと雨ごとに春めいてまいりました／日増しに暖かさが加わってまいりました
4月 （卯月）	春暖・陽春・桜花・桜花爛漫	桜花爛漫の季節を迎えました／春光うららかな好季節となりました／花冷えとでも申しましょうか，何だか肌寒い日が続いております
5月 （皐月）	新緑・薫風・惜春・晩春・立夏・若葉	風薫るさわやかな季節を迎えました／木々の緑が日にまぶしいようでございます／目に青葉，山ほととぎす，初鰹の句も思い出される季節となりました
6月 （水無月）	梅雨・向暑・初夏・薄暑・麦秋	初夏の風もさわやかな毎日でございます／梅雨前線が近づいてまいりました／梅雨の晴れ間にのぞく青空は，まさに夏を思わせるようです
7月 （文月）	盛夏・大暑・炎暑・酷暑・猛暑	梅雨が明けたとたん，うだるような暑さが続いております／長い梅雨も明け，いよいよ本格的な夏がやってまいりました／風鈴の音がわずかに涼を運んでくれているようです
8月 （葉月）	残暑・晩夏・処暑・秋暑	立秋とはほんとうに名ばかりの厳しい暑さの毎日です／残暑たえがたい毎日でございます／朝夕はいくらかしのぎやすくなってまいりました
9月 （長月）	初秋・新秋・爽秋・新涼・清涼	九月に入りましてもなお，日差しの強い毎日です／暑さもやっとおとろえはじめたようでございます／残暑も去り，ずいぶんとしのぎやすくなってまいりました
10月 （神無月）	清秋・錦秋・秋涼・秋冷・寒露	秋風もさわやかな過ごしやすい季節となりました／街路樹の葉も日ごとに色を増しております／紅葉の便りの聞かれるころとなりました／秋深く，日増しに冷気も加わってまいりました
11月 （霜月）	晩秋・暮秋・霜降・初霜・向寒	立冬を迎え，まさに冬到来を感じる寒さです／木枯らしの季節になりました／日ごとに冷気が増すようでございます／朝夕はひときわ冷え込むようになりました
12月 （師走）	寒冷・初冬・師走・歳晩	師走を迎え，何かと慌ただしい日々をお過ごしのことと存じます／年の瀬も押しつまり，何かとお忙しくお過ごしのことと存じます／今年も残すところわずかとなりました，お忙しい毎日とお察しいたします

いますぐデキる

シチュエーション別会話例

シチュエーション1　取引先との会話

「非常に素晴らしいお話で感心しました」→NG！

「感心する」は相手の立派な行為や，優れた技量などに心を動かされるという意味。意味としては間違いではないが，目上の人に用いると，偉そうに聞こえかねない表現。「感動しました」などに言い換えるほうが好ましい。

シチュエーション2　子どもとの会話

「お母さんは，明日はいますか？」→NG！

たとえ子どもとの会話でも，子どもの年齢によっては，ある程度の敬語を使うほうが好ましい。「明日はいらっしゃいますか」では，むずかしすぎると感じるならば，「お出かけですか」などと表現することもできる。

シチュエーション3　同僚との会話

「今，お暇ですか 」→NG？

同じ立場同士なので，暇に「お」が付いた形で「お暇」ぐらいでも構わないともいえるが，「暇」というのは，するべきことも何もない時間という意味。そのため「お暇ですか 」では，あまりにも直接的になってしまう。その意味では「手が空いている」→「空いていらっしゃる」→「お手透き」などに言い換えることで，やわらかく敬意も含んだ表現になる。

シチュエーション4　上司との会話

「なるほどですね」→NG！

「なるほど」とは，相手の言葉を受けて，自分も同意見であることを表すため，相手の言葉・意見を自分が評価するというニュアンスも含まれている。そのため自分が評価して述べているという偉そうな表現にもなりかねない。同じ同意ならば，頷き「おっしゃる通りです」などの言葉のほうが誤解なく伝わる。

就活スケジュールシート

■年間スケジュールシート

1月	2月	3月	4月	5月	6月
企業関連スケジュール					
自己の行動計画					

就職活動をすすめるうえで，当然重要になってくるのは，自己のスケジュール管理だ。企業の選考スケジュールを把握することも大切だが，自分のペースで進めることになる自己分析や業界・企業研究，面接試験のトレーニング等の計画を立てることも忘れてはいけない。スケジュールシートに「記入」する作業を通して，短期・長期の両方の面から就職試験を考えるきっかけにしよう。

7月	8月	9月	10月	11月	12月
企業関連スケジュール					
自己の行動計画					

●情報提供のお願い●

就職活動研究会では，就職活動に関する情報を募集しています。

エントリーシートやグループディスカッション，面接，筆記試験の内容等について情報をお寄せください。ご応募はメールアドレス（edit@kyodo-s.jp）へお願いいたします。お送りくださいました方々には薄謝をさしあげます。

ご協力よろしくお願いいたします。

会社別就活ハンドブックシリーズ

鹿島建設の
就活ハンドブック

編　者　就職活動研究会
発　行　令和6年2月25日
発行者　小貫輝雄
発行所　協同出版株式会社
〒101－0054
東京都千代田区神田錦町2－5
電話　03－3295－1341
振替　東京00190－4－94061
印刷所　協同出版・POD工場

落丁・乱丁はお取り替えいたします

●2025年度版●

会社別就活ハンドブックシリーズ

【全111点】

運　輸

東日本旅客鉄道の就活ハンドブック

東海旅客鉄道の就活ハンドブック

西日本旅客鉄道の就活ハンドブック

東京地下鉄の就活ハンドブック

小田急電鉄の就活ハンドブック

阪急阪神 HD の就活ハンドブック

商船三井の就活ハンドブック

日本郵船の就活ハンドブック

機　械

三菱重工業の就活ハンドブック

川崎重工業の就活ハンドブック

IHI の就活ハンドブック

島津製作所の就活ハンドブック

浜松ホトニクスの就活ハンドブック

村田製作所の就活ハンドブック

クボタの就活ハンドブック

金　融

三菱 UFJ 銀行の就活ハンドブック

三菱 UFJ 信託銀行の就活ハンドブック

みずほ FG の就活ハンドブック

三井住友銀行の就活ハンドブック

三井住友信託銀行の就活ハンドブック

野村證券の就活ハンドブック

りそなグループの就活ハンドブック

ふくおか FG の就活ハンドブック

日本政策投資銀行の就活ハンドブック

建設・不動産

三菱地所の就活ハンドブック

三井不動産の就活ハンドブック

積水ハウスの就活ハンドブック

大和ハウス工業の就活ハンドブック

鹿島建設の就活ハンドブック

大成建設の就活ハンドブック

清水建設の就活ハンドブック

資源・素材

旭化成グループの就活ハンドブック

東レの就活ハンドブック

ワコールの就活ハンドブック

関西電力の就活ハンドブック

日本製鉄の就活ハンドブック

中部電力の就活ハンドブック

九州電力の就活ハンドブック

自動車

トヨタ自動車の就活ハンドブック
本田技研工業の就活ハンドブック
デンソーの就活ハンドブック
日産自動車の就活ハンドブック

商　社

三菱商事の就活ハンドブック
住友商事の就活ハンドブック
丸紅の就活ハンドブック
三井物産の就活ハンドブック
伊藤忠商事の就活ハンドブック
双日の就活ハンドブック
豊田通商の就活ハンドブック

情報通信・IT

NTT データの就活ハンドブック
NTT ドコモの就活ハンドブック
野村総合研究所の就活ハンドブック
日本電信電話の就活ハンドブック
KDDI の就活ハンドブック
ソフトバンクの就活ハンドブック
楽天の就活ハンドブック
mixi の就活ハンドブック
グリーの就活ハンドブック
サイバーエージェントの就活ハンドブック
LINE ヤフーの就活ハンドブック
SCSK の就活ハンドブック
富士ソフトの就活ハンドブック
日本オラクルの就活ハンドブック
GMO インターネットグループ
オービックの就活ハンドブック
DTS の就活ハンドブック
TIS の就活ハンドブック

食品・飲料

サントリー HD の就活ハンドブック
味の素の就活ハンドブック
キリン HD の就活ハンドブック
アサヒグループ HD の就活ハンドブック
日本たばこ産業 の就活ハンドブック
日清食品グループの就活ハンドブック
山崎製パンの就活ハンドブック
キユーピーの就活ハンドブック

生活用品

資生堂の就活ハンドブック
花王の就活ハンドブック
武田薬品工業の就活ハンドブック